Build It!

Make Supercool Models with Your Favorite LEGO® Parts

ROBOTS

Jennifer Kemmeter

GRAPHIC ARTS
BOOKS®

Contents

Robot Family

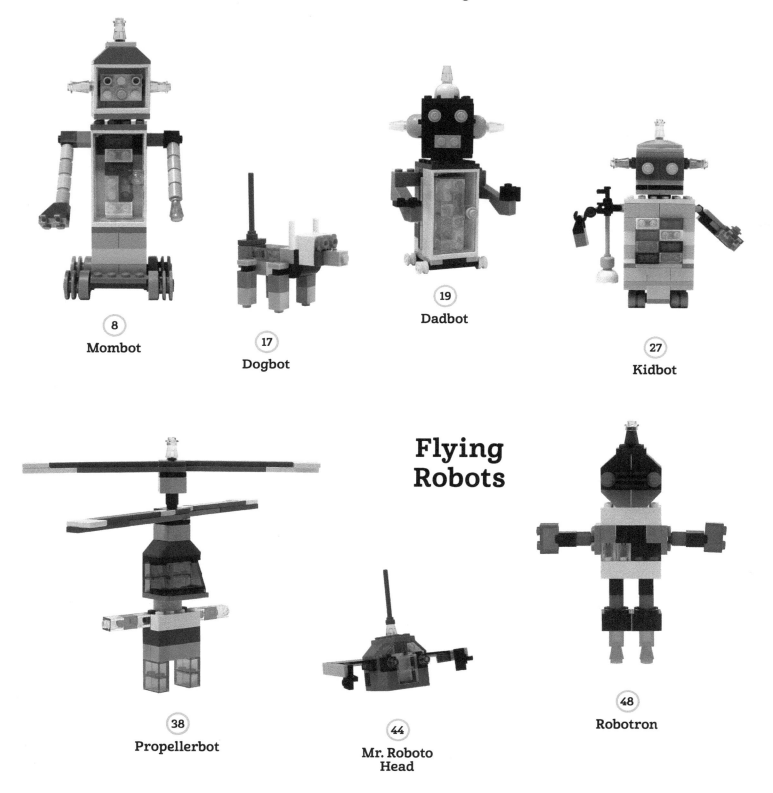

8
Mombot

17
Dogbot

19
Dadbot

27
Kidbot

Flying Robots

38
Propellerbot

44
Mr. Roboto Head

48
Robotron

Emergency Squad

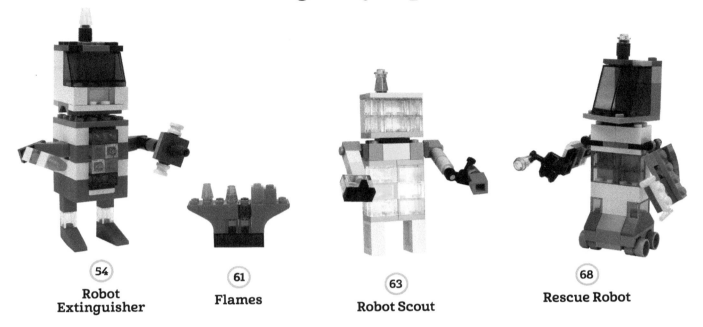

54
Robot
Extinguisher

61
Flames

63
Robot Scout

68
Rescue Robot

Space Adventure

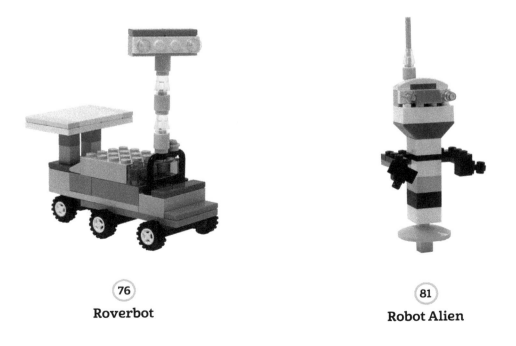

76
Roverbot

81
Robot Alien

How to Use This Book

What you will be building.

A photo of what finished Dogbot will look like.

Build Dogbot

An illustration of finished Dogbot that looks like the pictures in the steps.

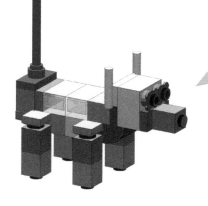

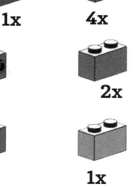

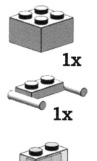

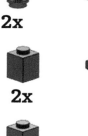

4x

1x

4x

1x

2x

2x

1x

2x

2x

1x

2x

2x

4x

1x

2x

1x

All the pieces you will need to build Dogbot are listed at the beginning of each of the instructions.

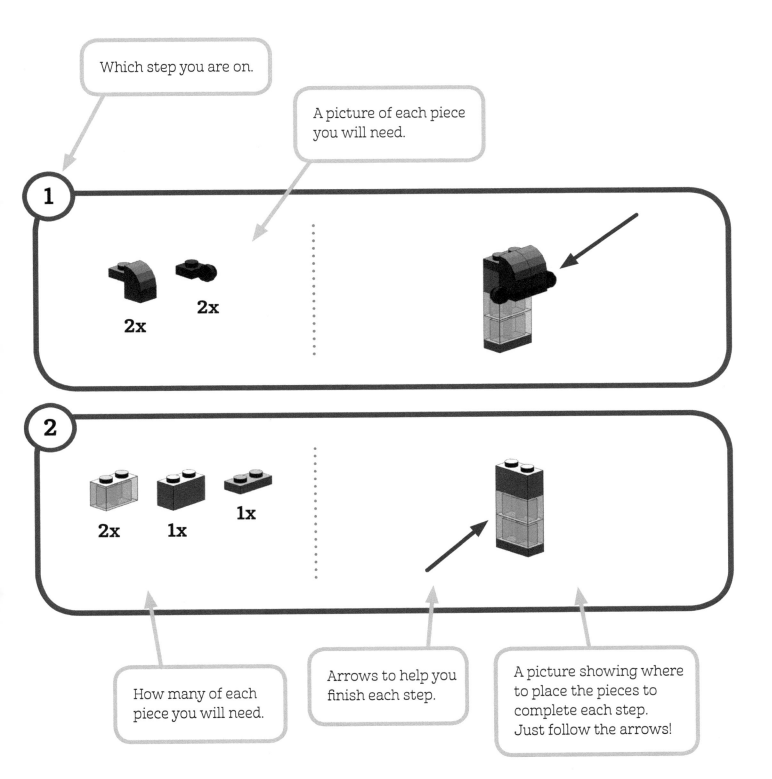

Which step you are on.

A picture of each piece you will need.

How many of each piece you will need.

Arrows to help you finish each step.

A picture showing where to place the pieces to complete each step. Just follow the arrows!

1

2x

2x

2

2x

1x

1x

Robot Family

Dadbot

Dogbot

Mombot

Kidbot

 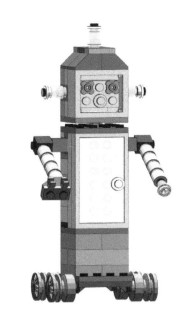

Build
Mombot

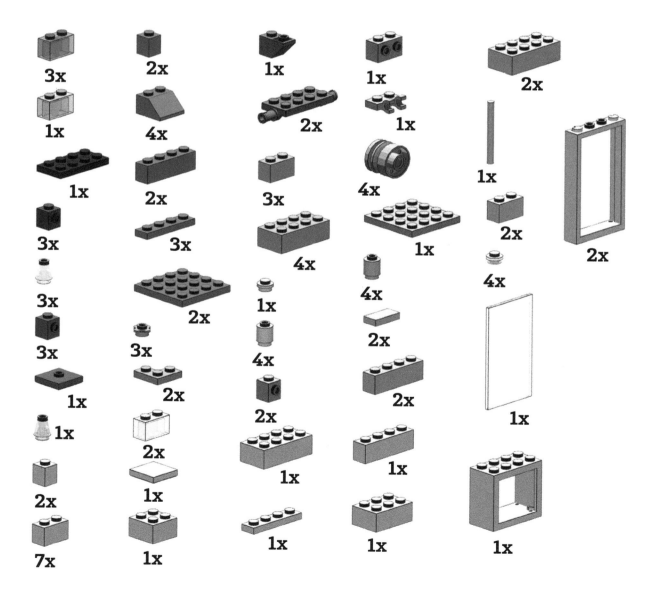

3x

2x

1x

1x

2x

1x

4x

2x

1x

2x

1x

1x

2x

2x

3x

2x

3x

3x

4x

1x

4x

2x

3x

3x

3x

2x

4x

2x

1x

3x

1x

2x

4x

2x

1x

1x

1x

2x

2x

2x

1x

7x

1x

1x

1x

1x

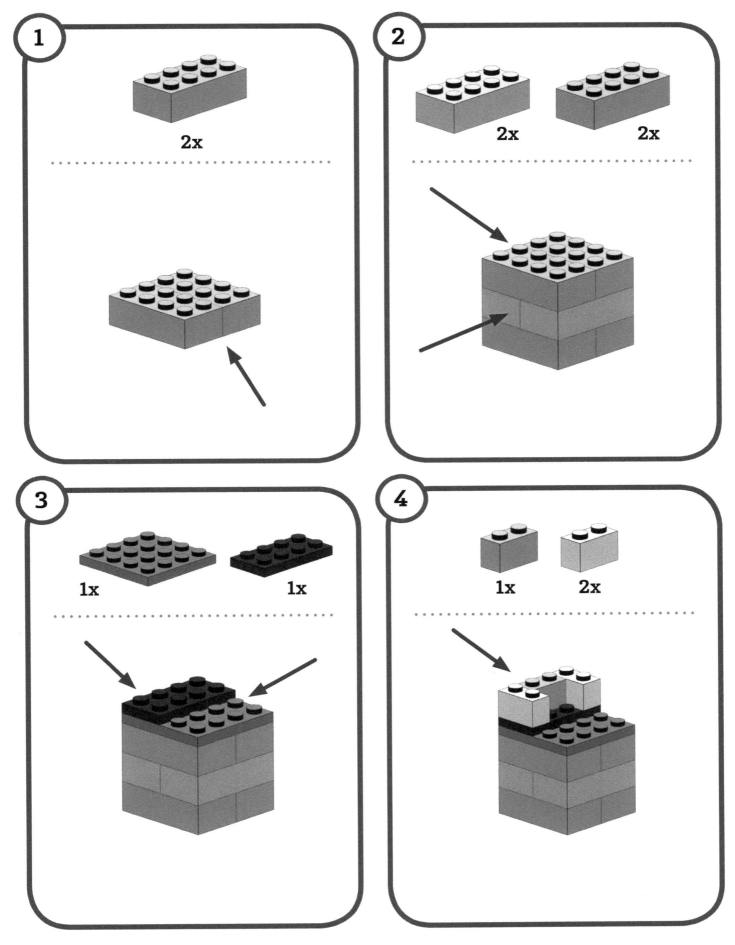

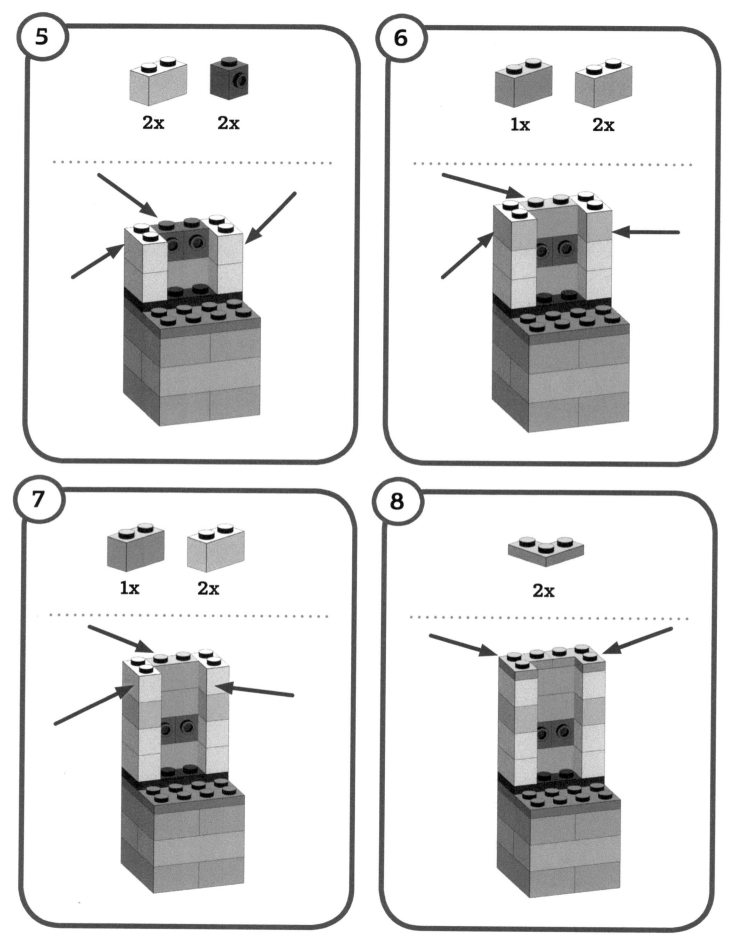

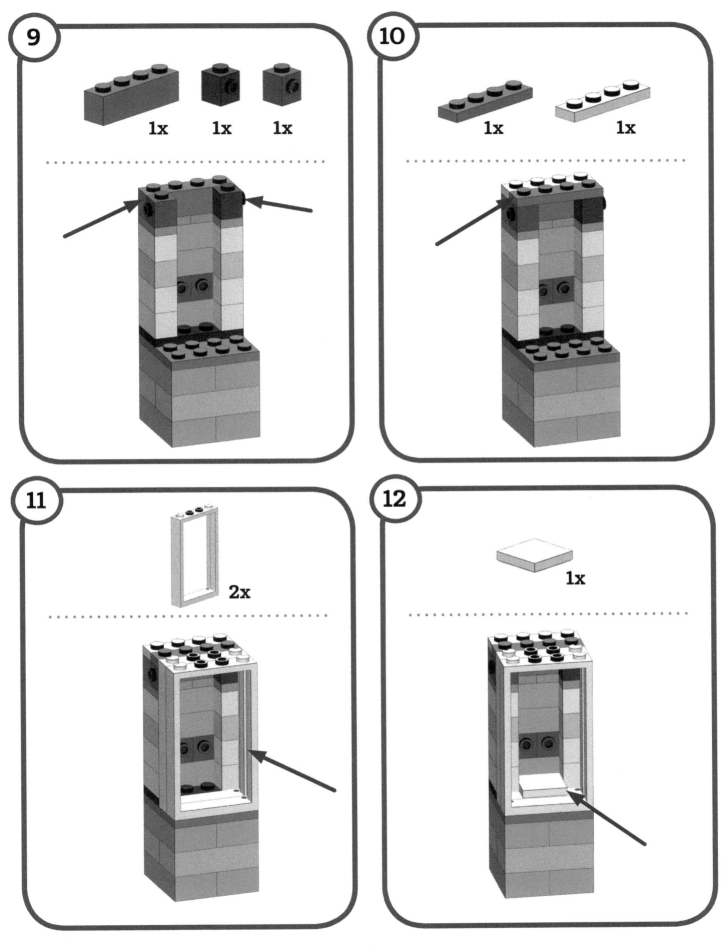

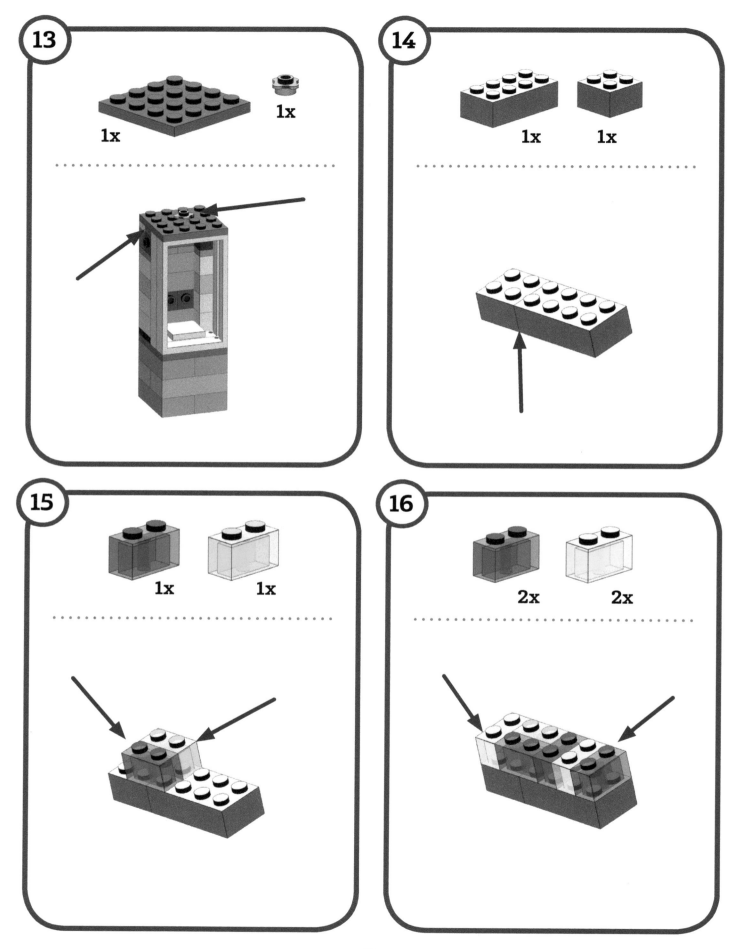

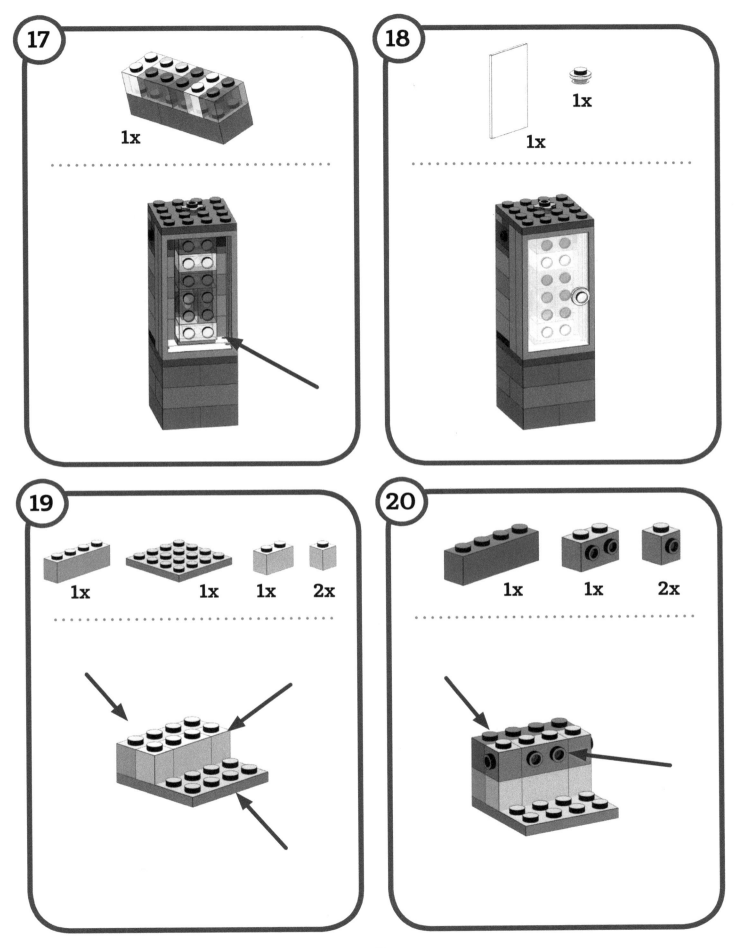

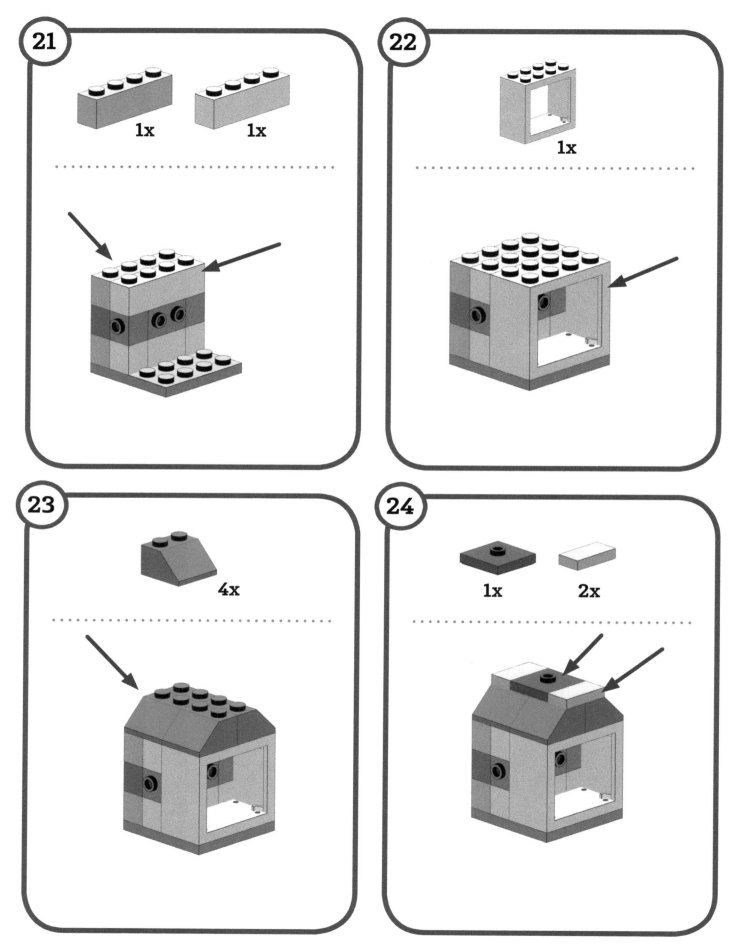

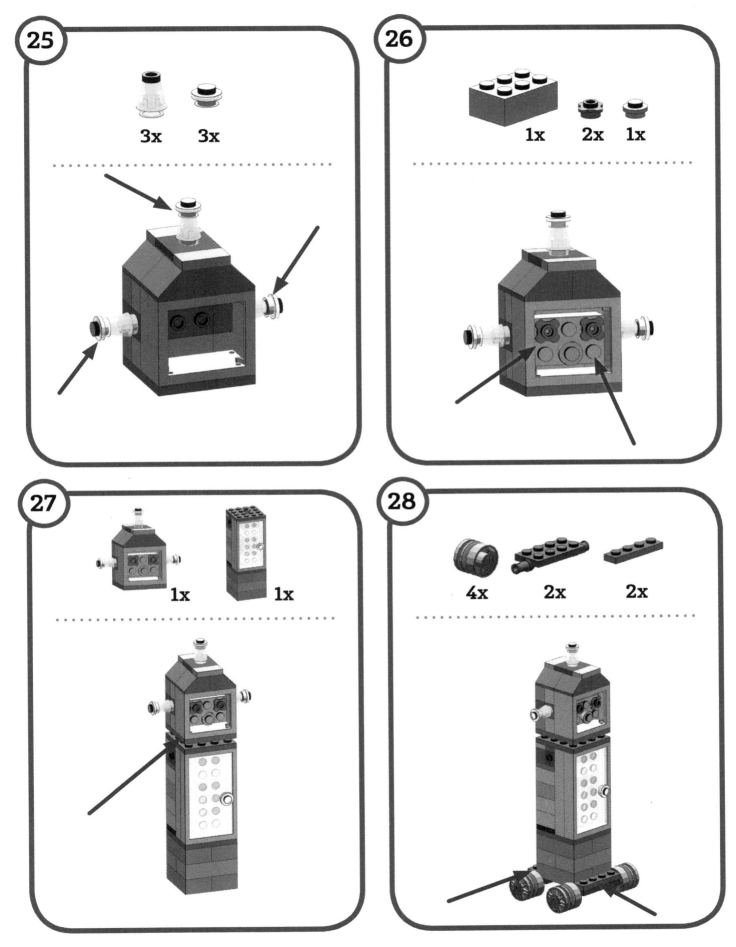

25 3x 3x

26 1x 2x 1x

27 1x 1x

28 4x 2x 2x

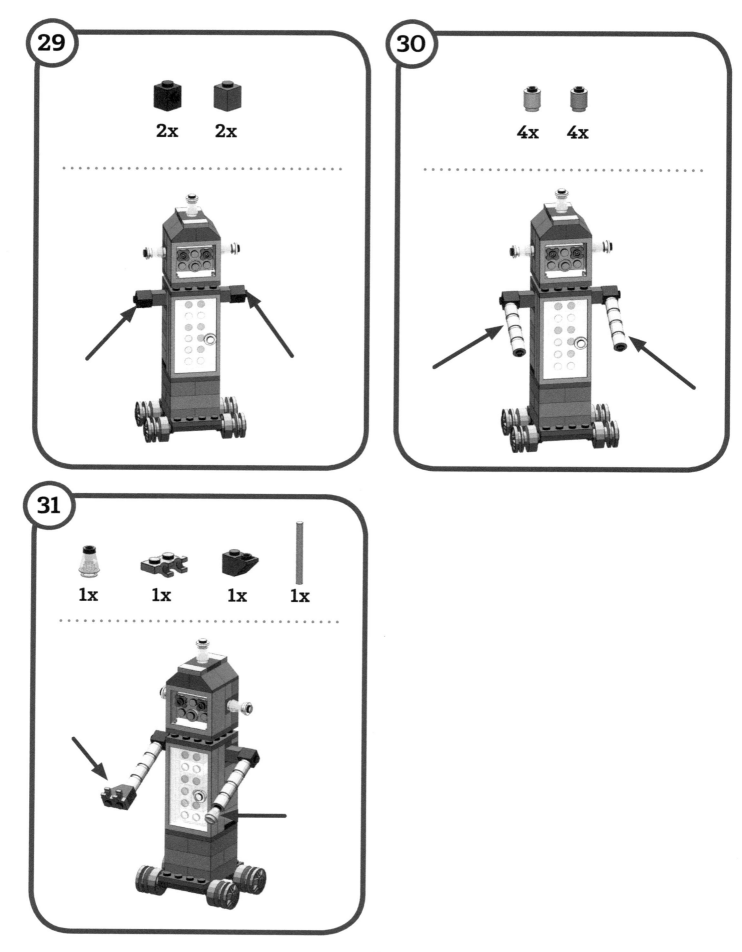

Build Dogbot

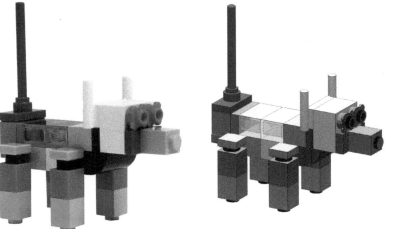

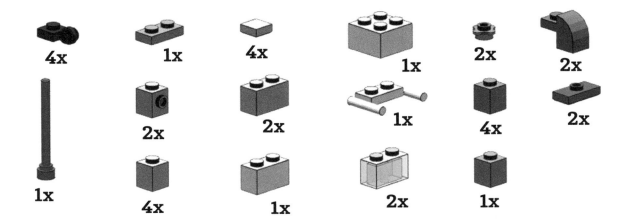

4x   1x   4x   1x   2x   2x

1x   2x   2x   1x   4x   2x

4x   1x   2x   1x

1

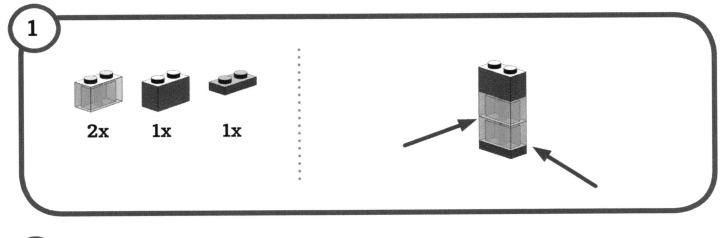

2x   1x   1x

2

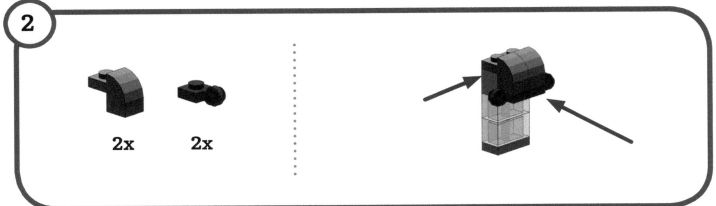

2x   2x

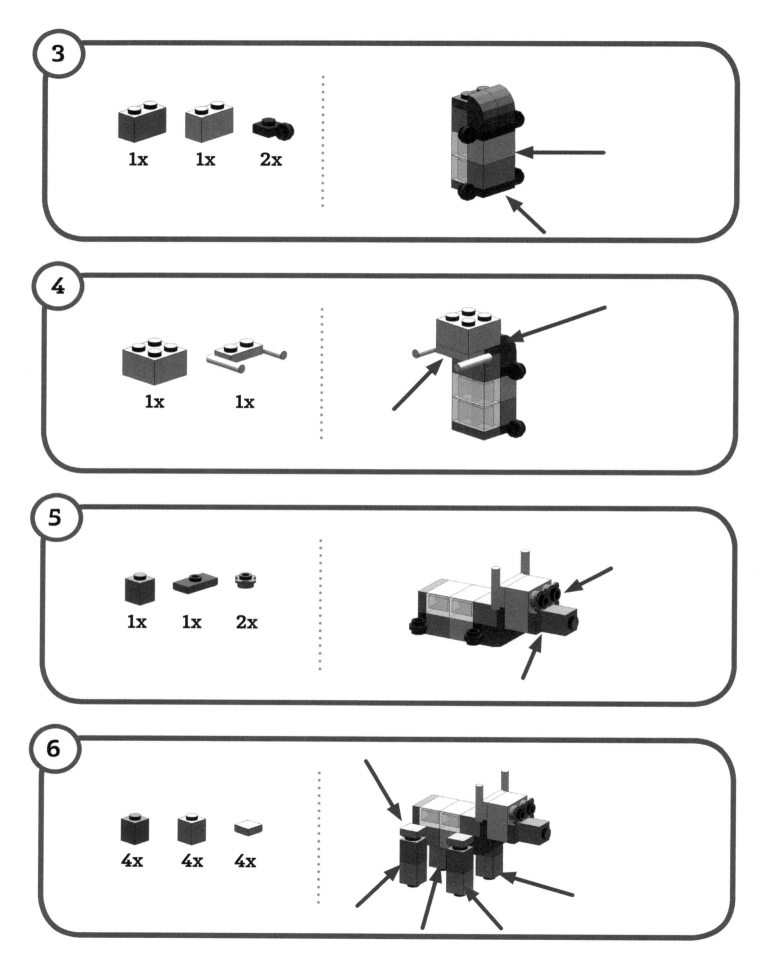

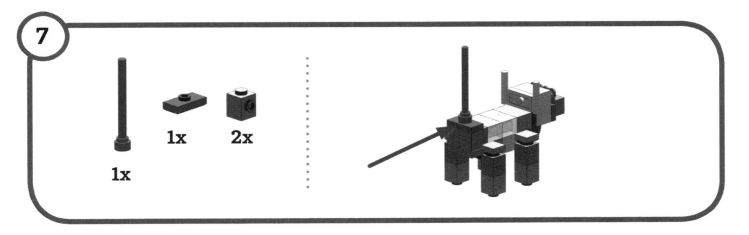

7

1x 1x 2x

Build Dadbot

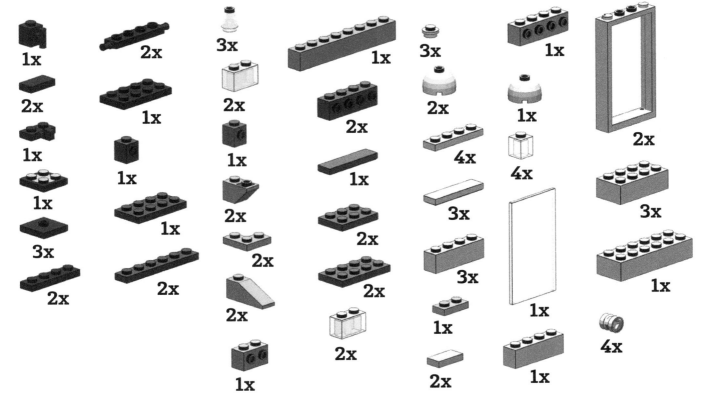

1x 2x 3x 1x 3x 1x 2x

2x 1x 2x 2x 2x 1x

1x 1x 1x 1x 4x 1x

1x 1x 2x 3x 4x

3x 1x 2x 3x 3x

2x 1x 2x 1x

2x 2x 1x 4x

1x

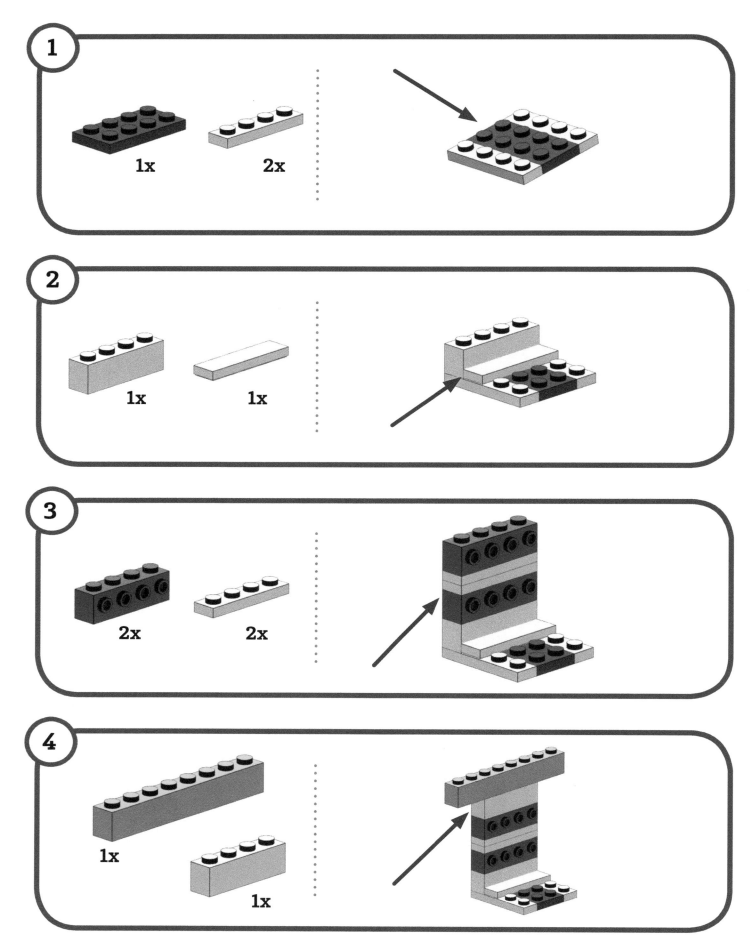

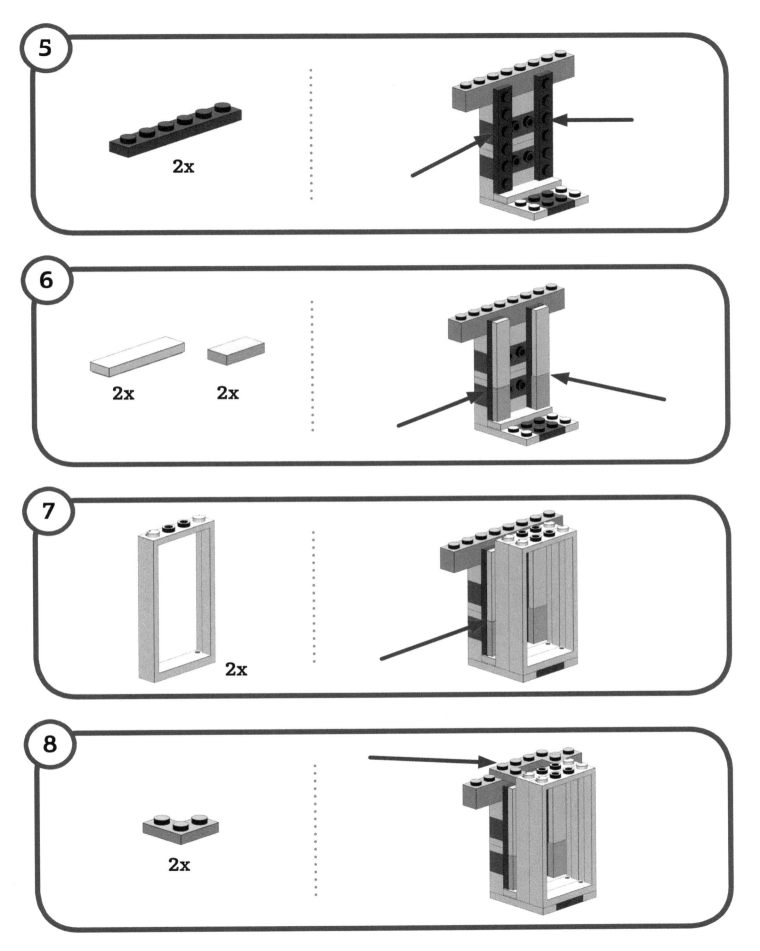

5

2x

6

2x   2x

7

2x

8

2x

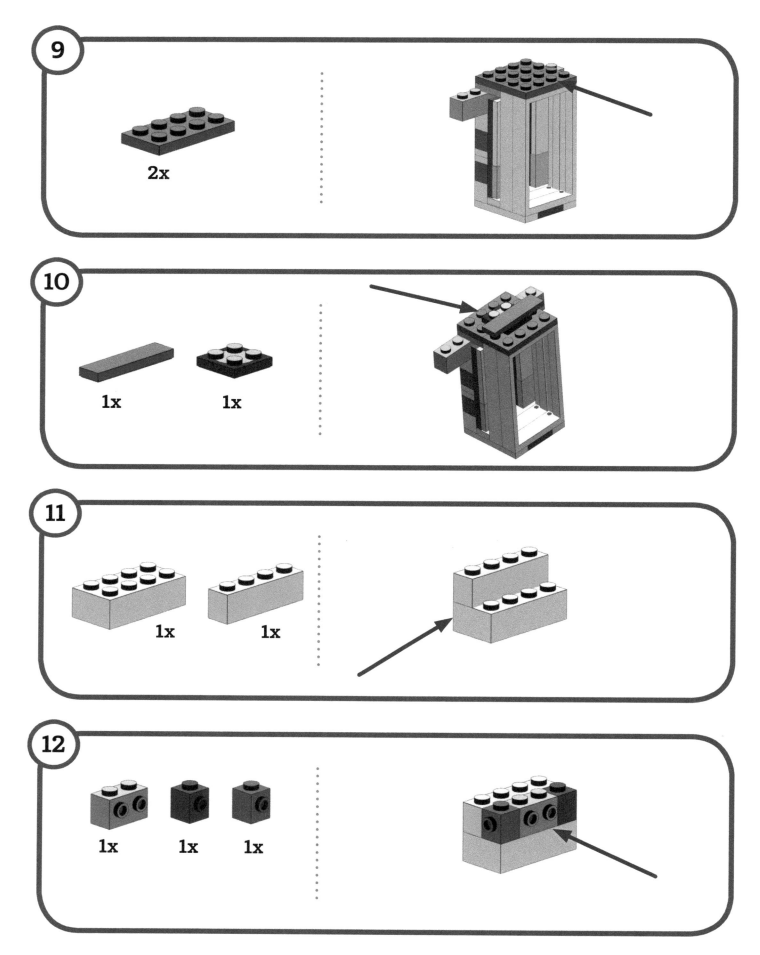

9 2x

10 1x 1x

11 1x 1x

12 1x 1x 1x

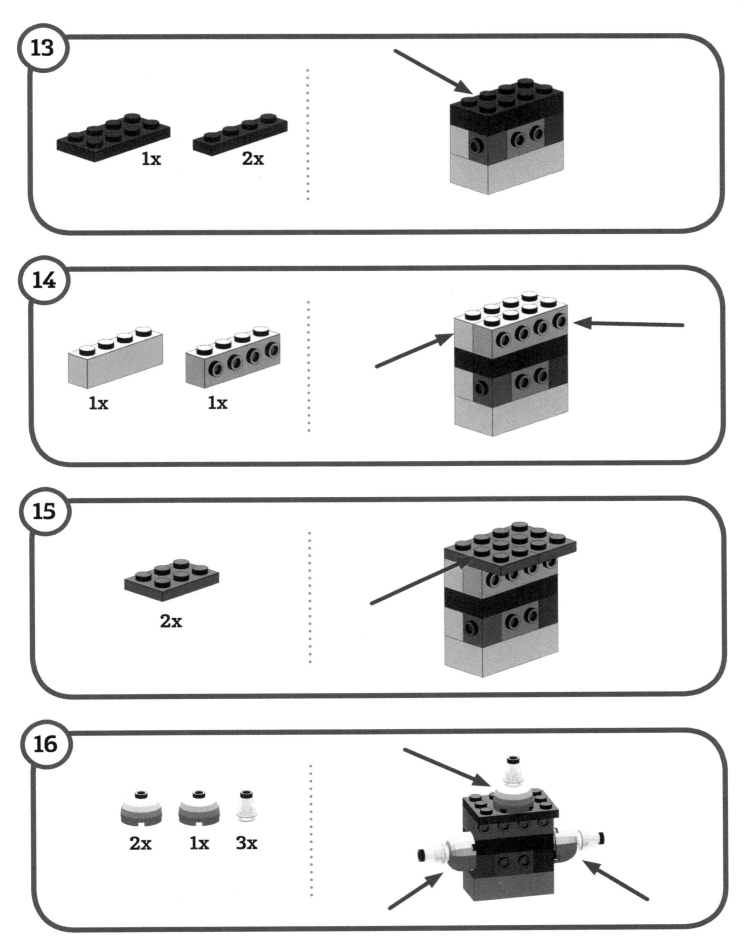

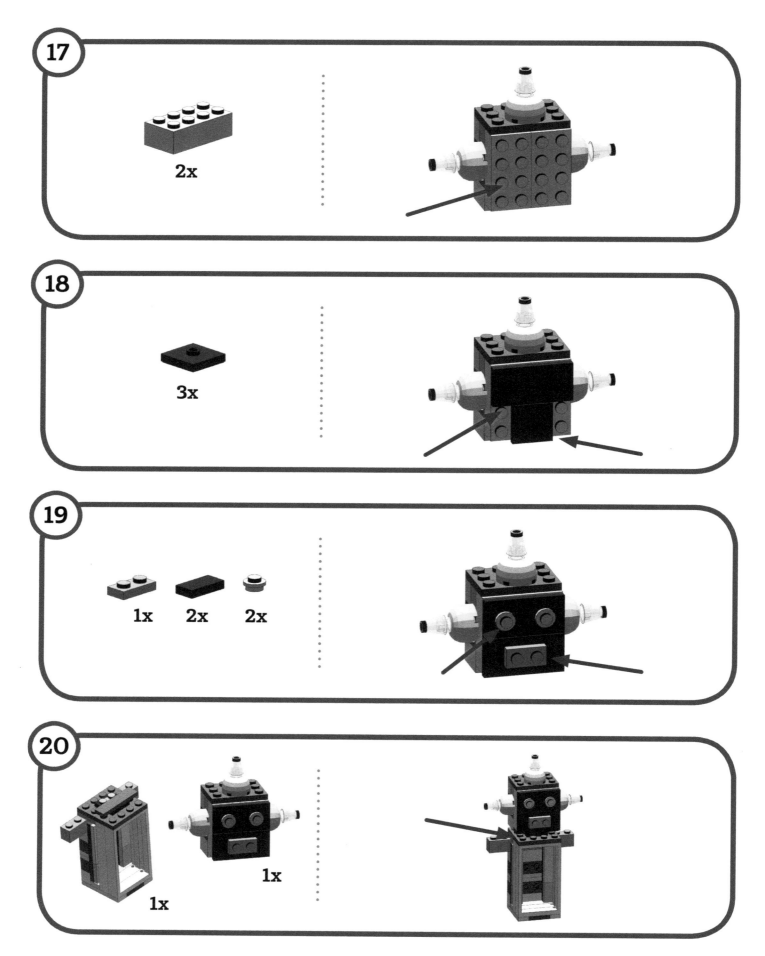

21

2x   4x

22

1x   2x   2x

23

2x   2x

24

1x   1x

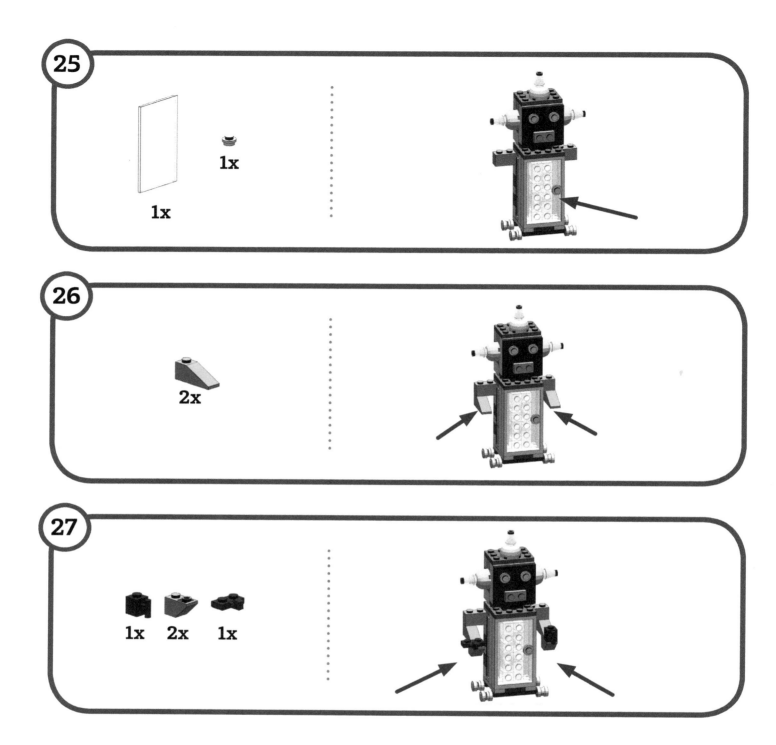

25

1x   1x

26

2x

27

1x   2x   1x

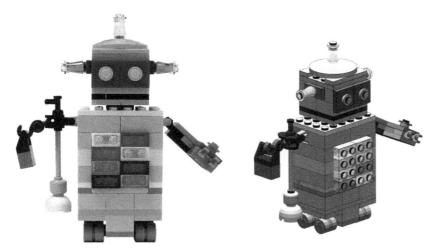

Build Kidbot

1x 1x 3x 1x 2x 3x 1x

1x 1x 2x 1x 3x 5x 4x

1x 2x 1x 1x 4x 2x 2x

1x 2x 2x 1x 1x 8x 2x

1x 2x 2x 2x 1x 1x 1x

1x 1x 1x 2x 5x 2x 2x

2x 1x 4x 1x 2x 1x 2x

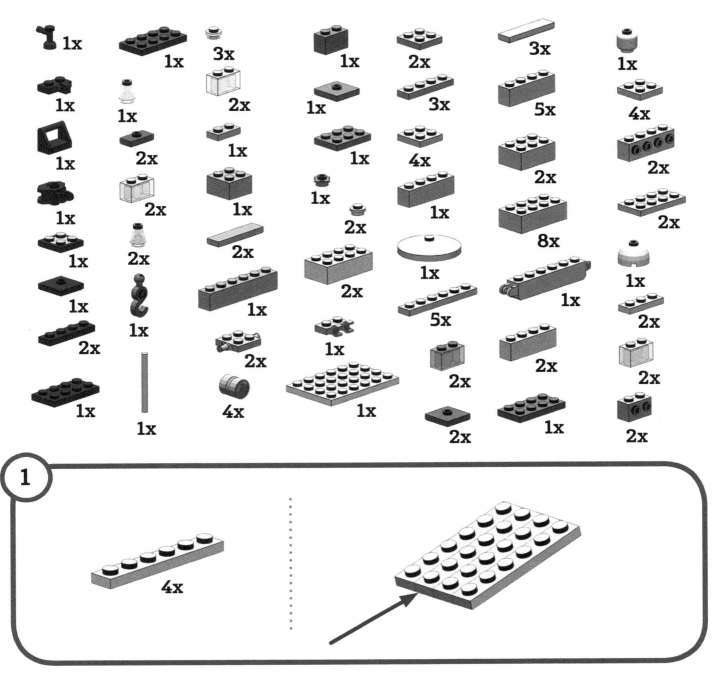

1

4x

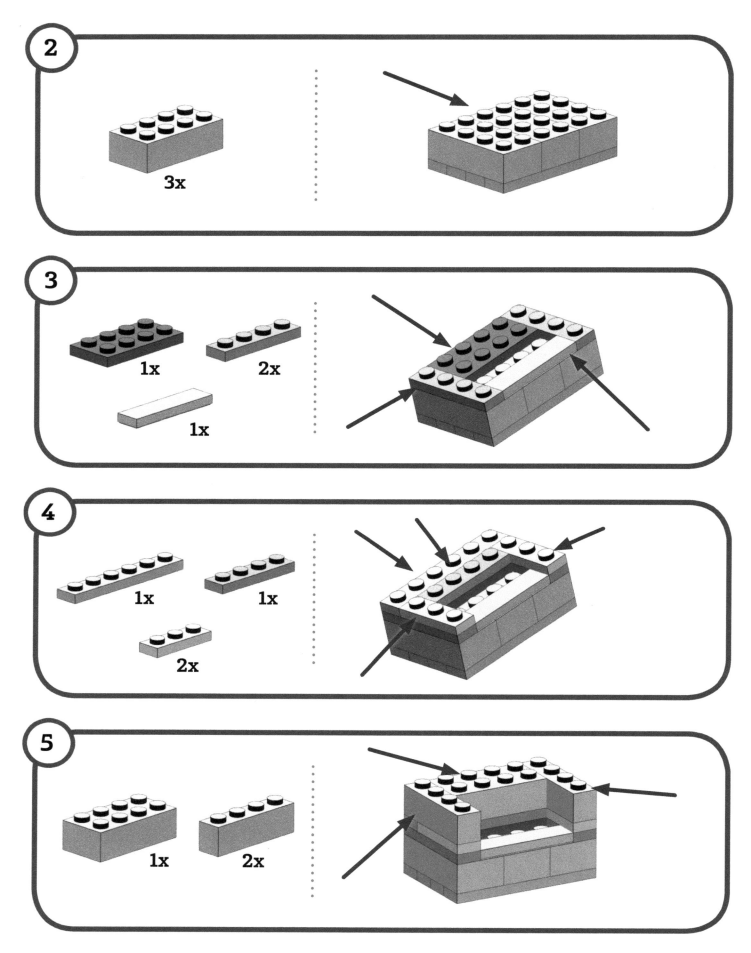

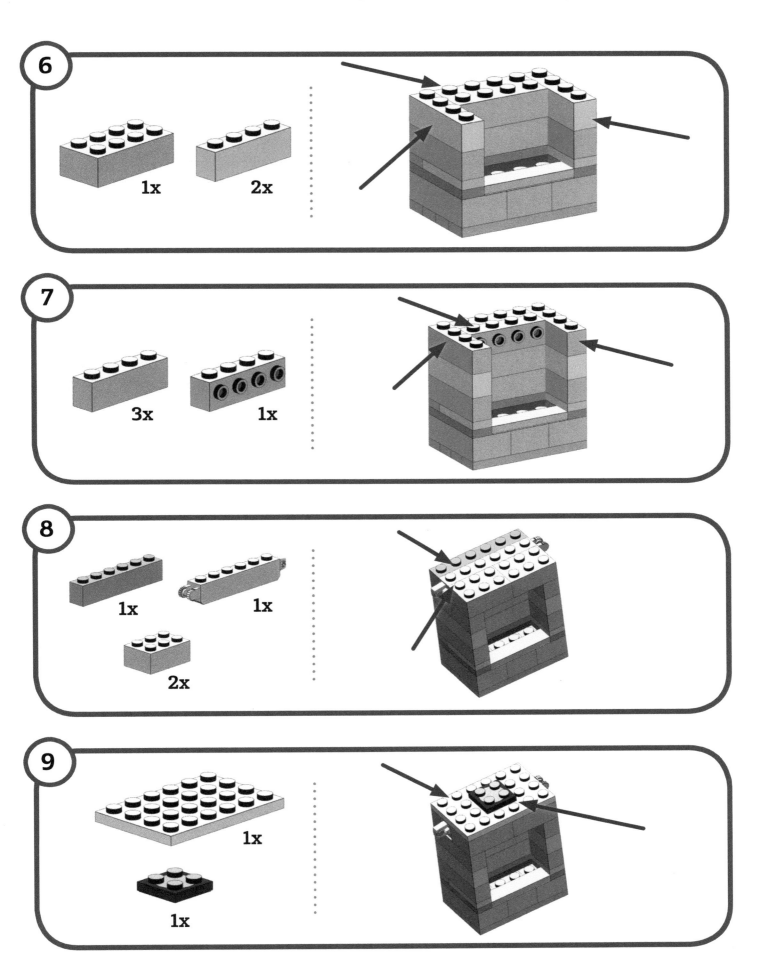

6

1x 2x

7

3x 1x

8

1x 1x

2x

9

1x

1x

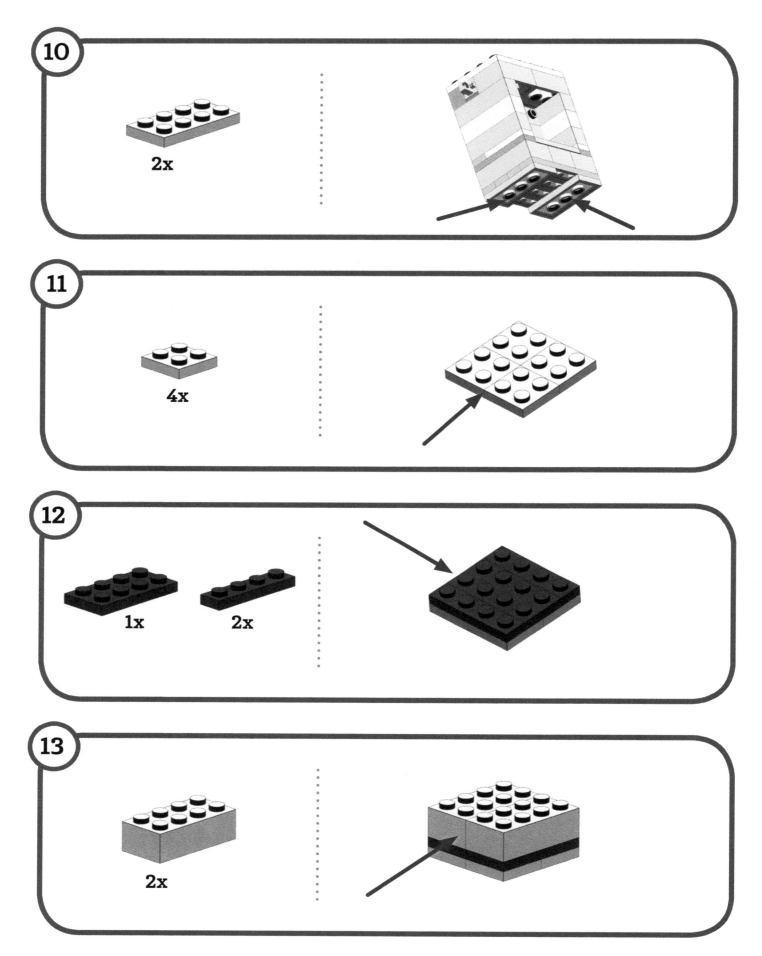

10 2x

11 4x

12 1x 2x

13 2x

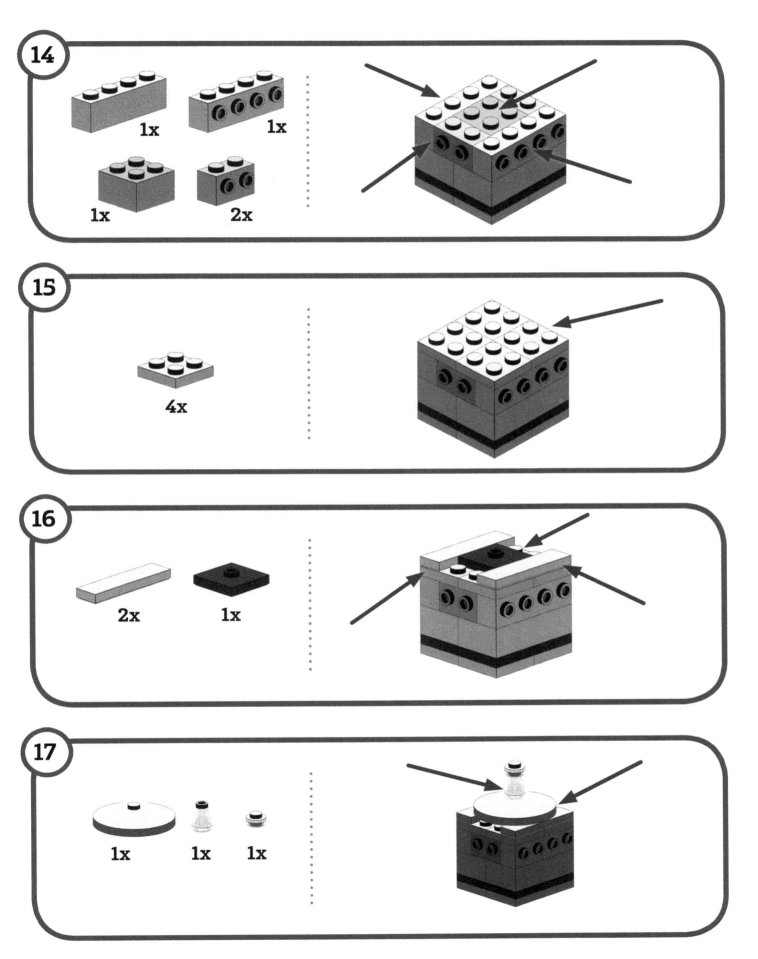

14

1x 1x

1x 2x

15

4x

16

2x 1x

17

1x 1x 1x

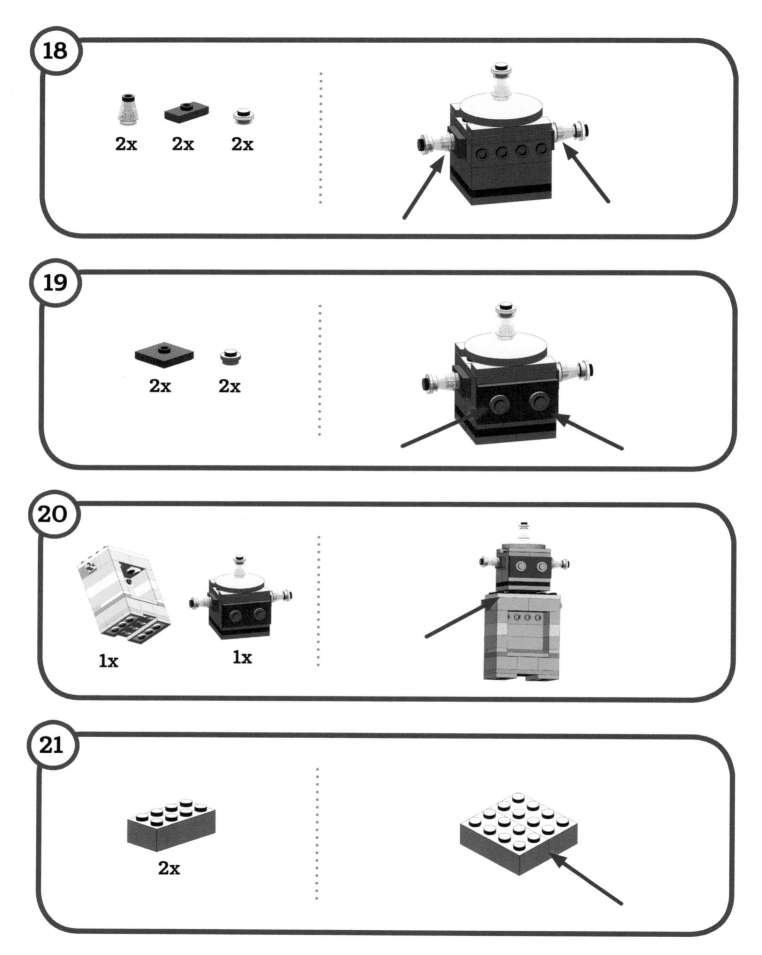

22

2x   2x

23

2x   2x

24

1x

25

1x   2x   4x

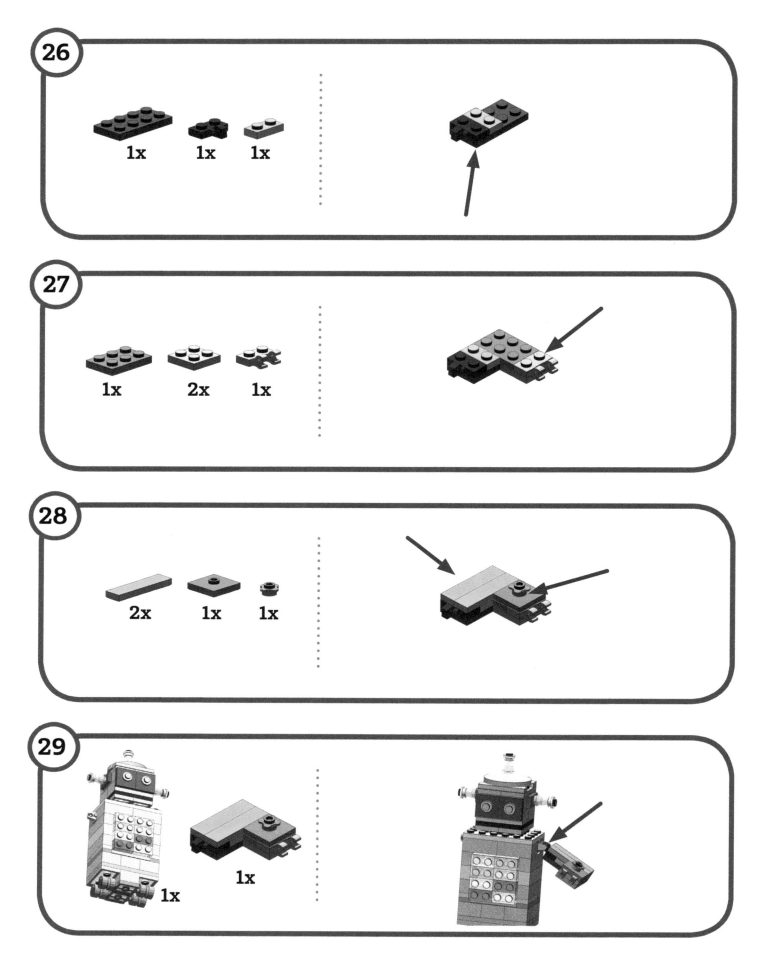

26

1x 1x 1x

27

1x 2x 1x

28

2x 1x 1x

29

1x 1x

30

1x 1x

31

1x 1x 1x

32

1x

33

1x 1x

Flying
Robots

Robotron

Mr. Roboto Head

Propellerbot

Build Propellerbot

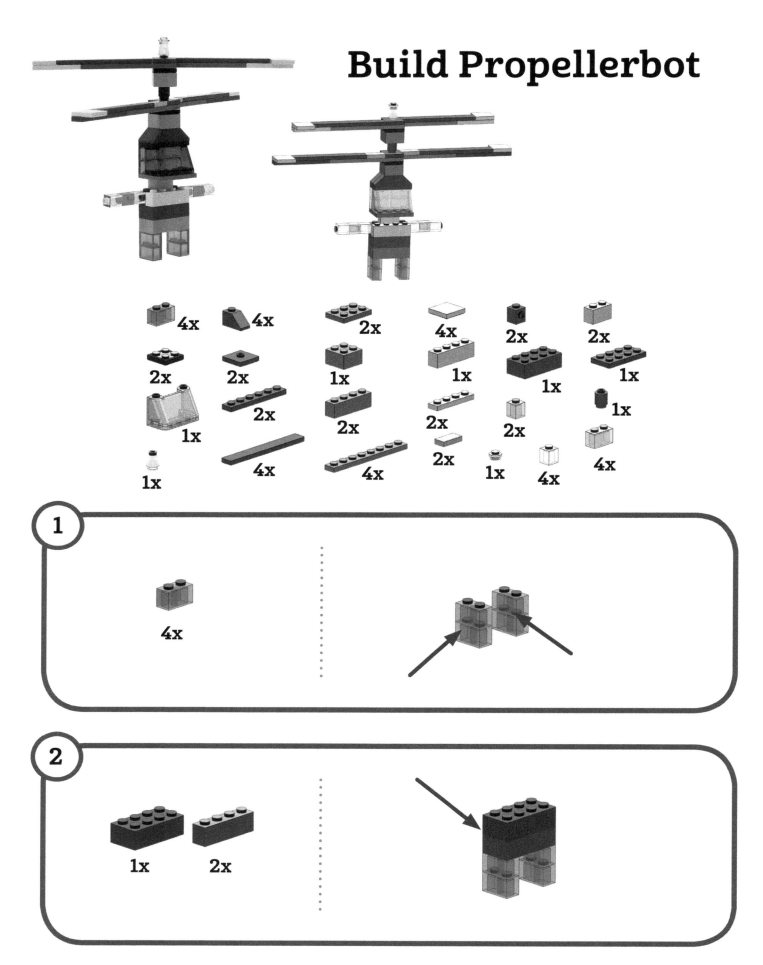

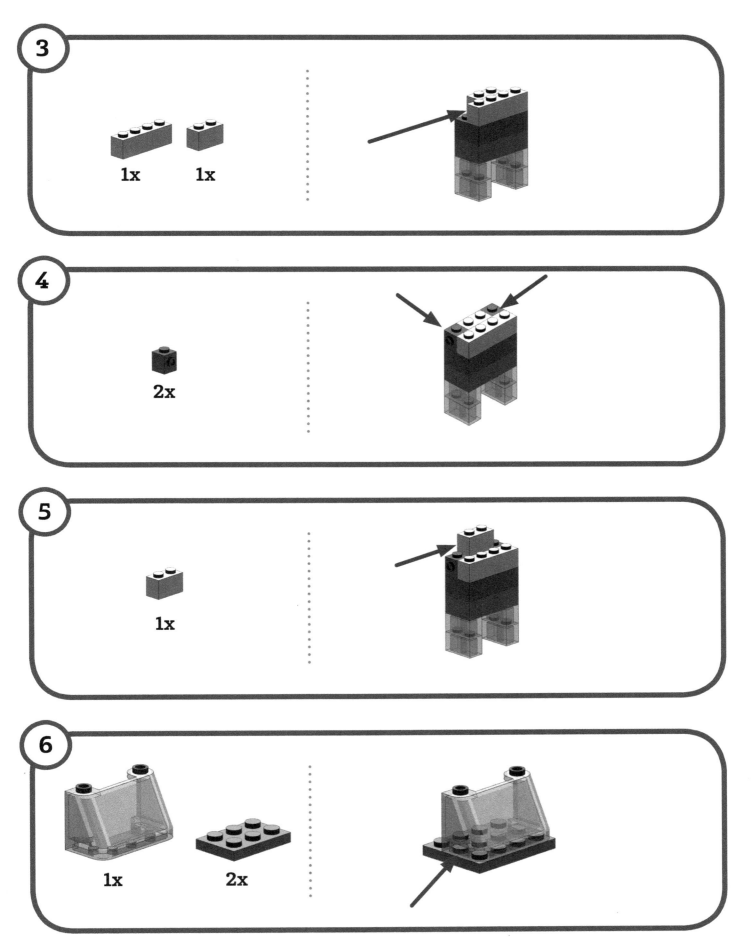

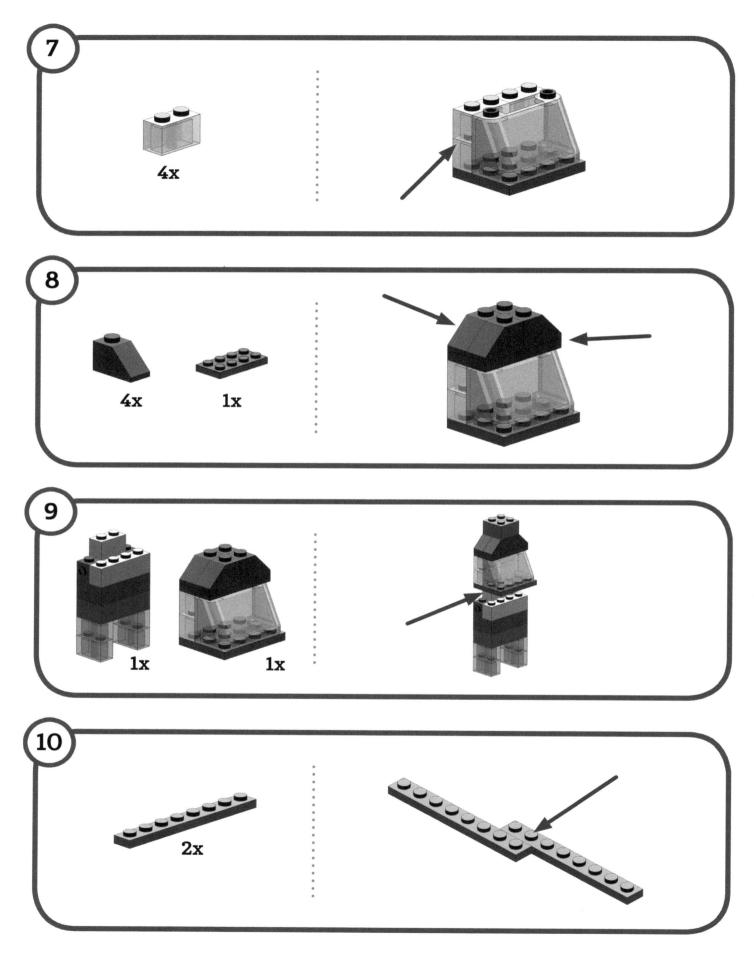

7

4x

8

4x   **1x**

9

1x   **1x**

10

2x

40

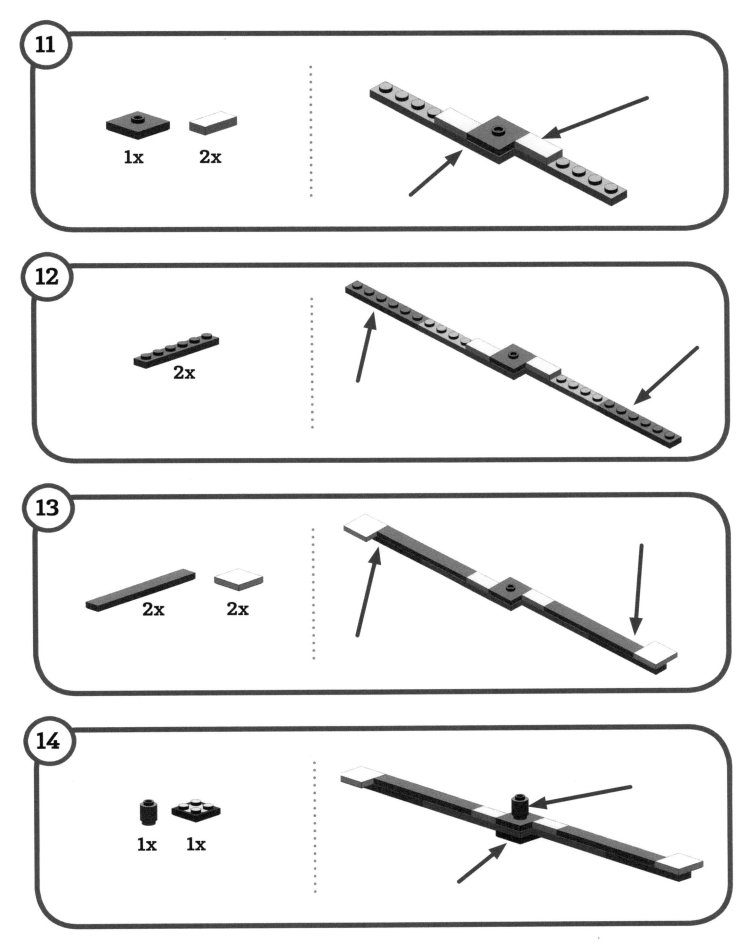

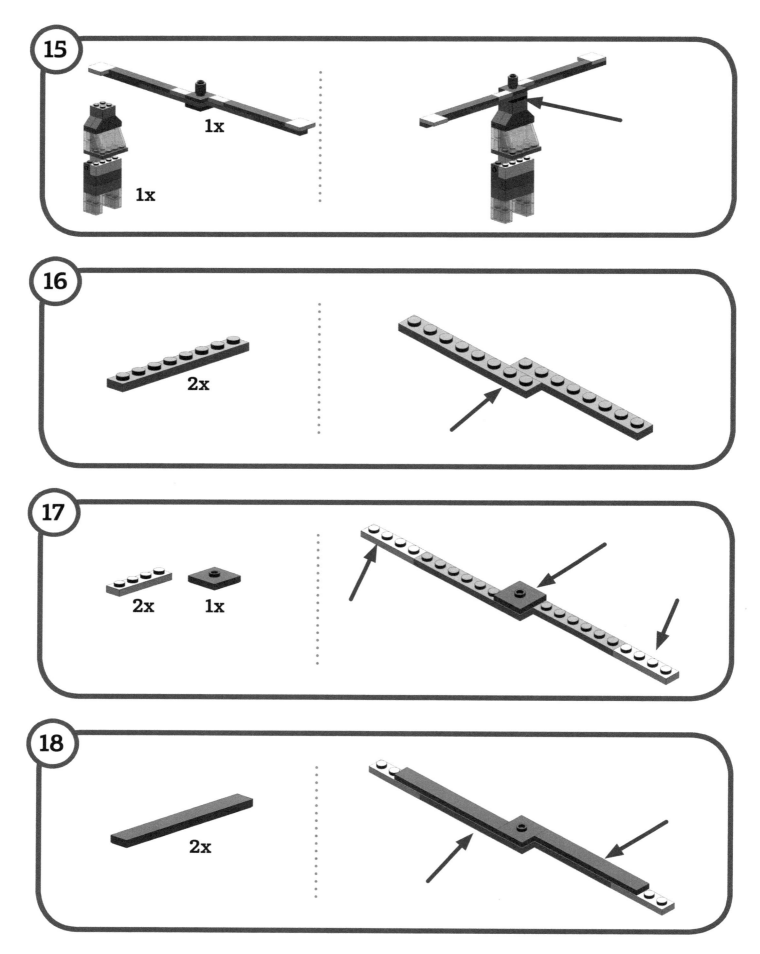

15

1x

1x

16

2x

17

2x   1x

18

2x

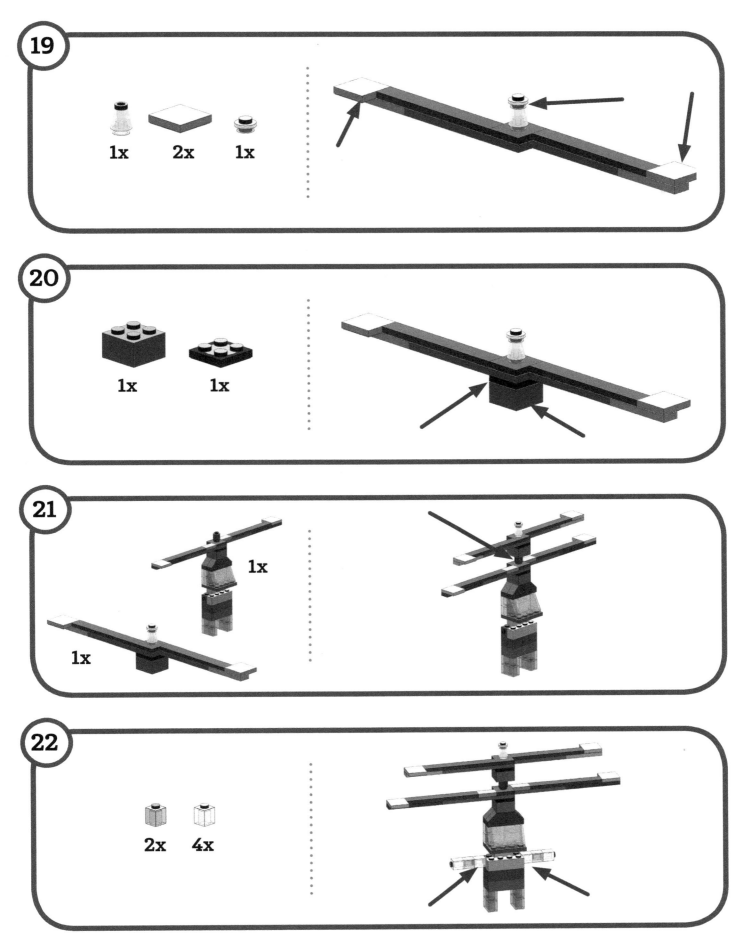

Build
Mr. Roboto Head

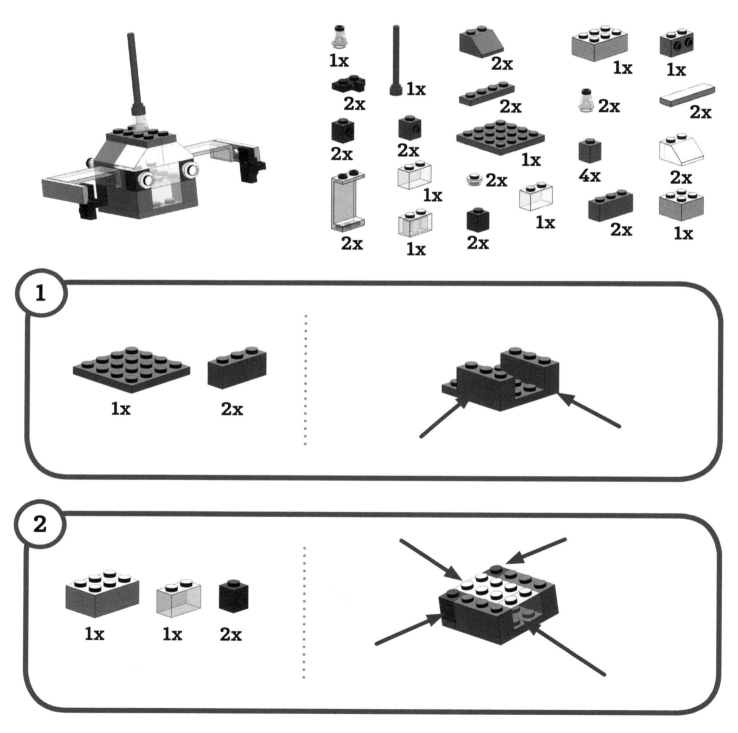

1x **1x** **2x** **1x** **1x**

2x **1x** **2x** **2x** **2x**

2x **2x** **1x** **4x** **2x**

2x **1x** **2x** **1x** **2x** **1x**

1

1x **2x**

2

1x **1x** **2x**

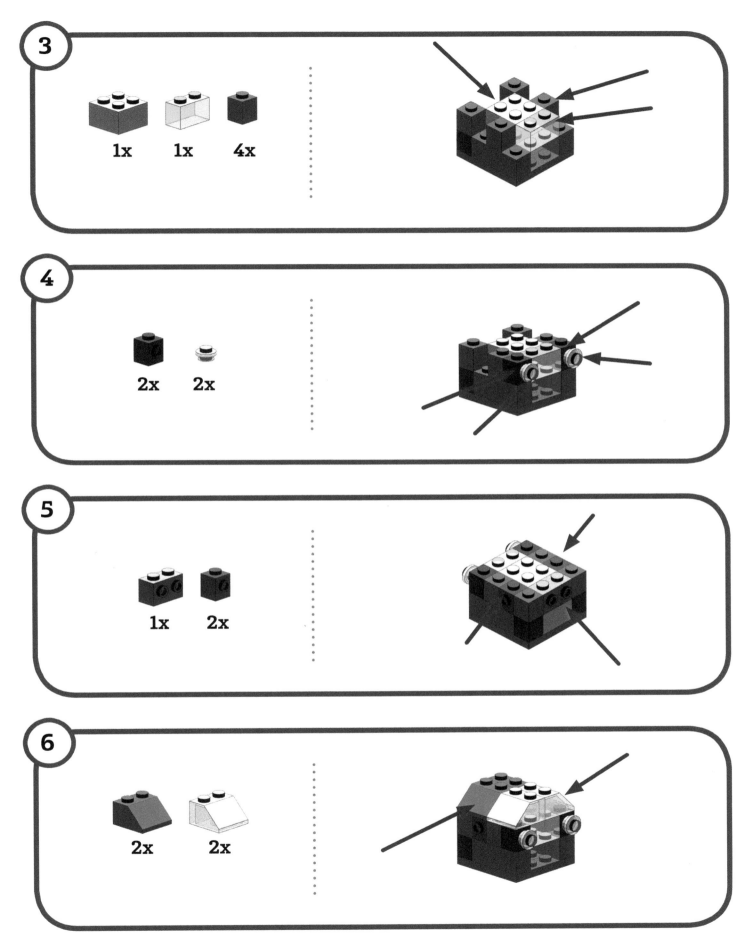

3

1x 1x 4x

4

2x 2x

5

1x 2x

6

2x 2x

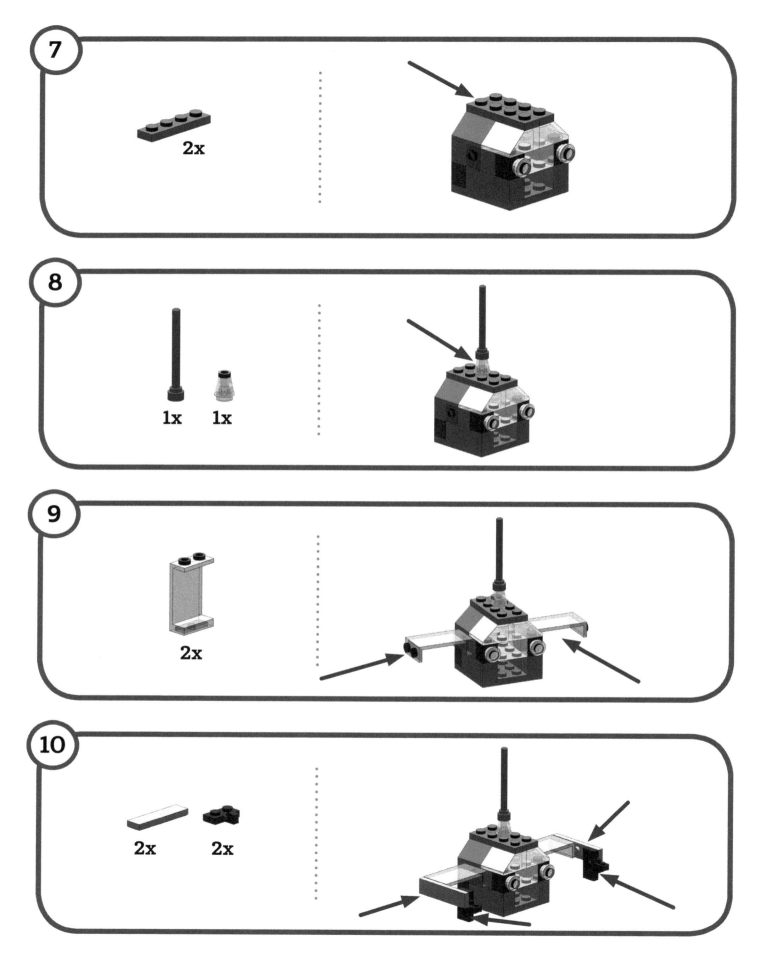

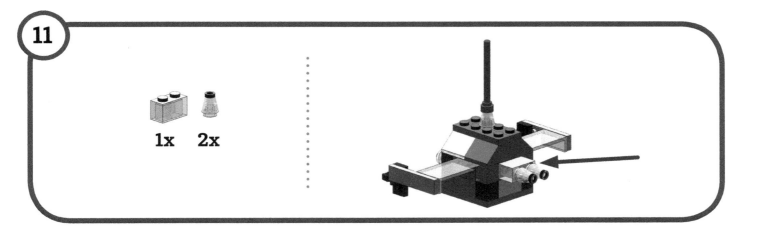

11

1x 2x

Build Robotron

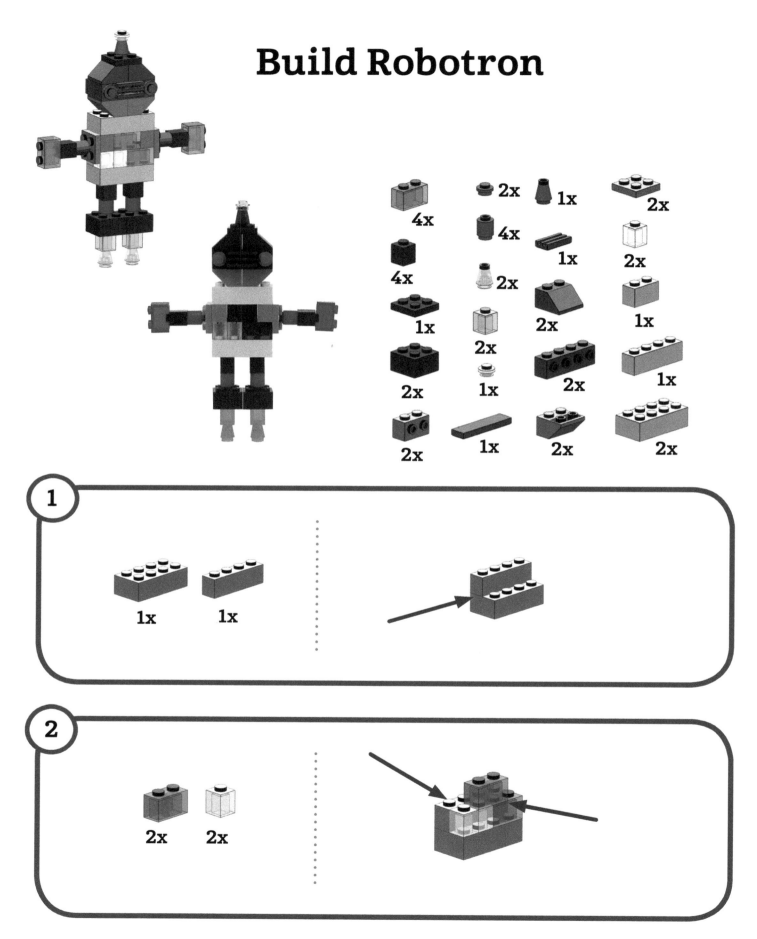

4x
2x
1x
2x

4x
4x
1x
2x

4x
2x
2x

1x
2x
1x

2x
1x
2x
1x

2x
1x
2x
2x

1

1x   1x

2

2x   2x

48

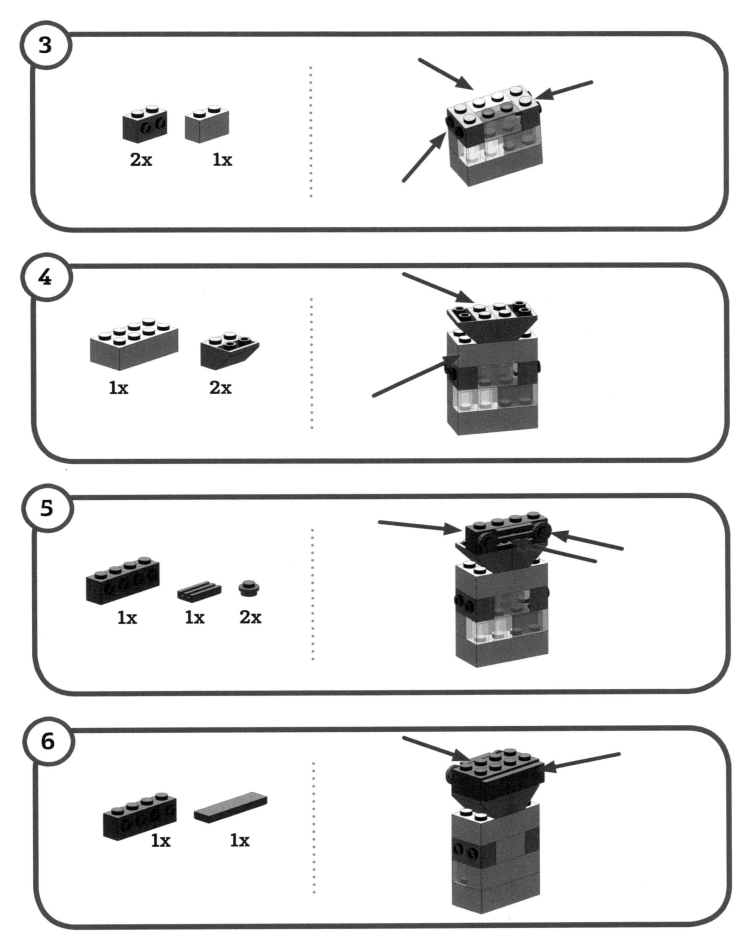

3

2x 1x

4

1x 2x

5

1x 1x 2x

6

1x 1x

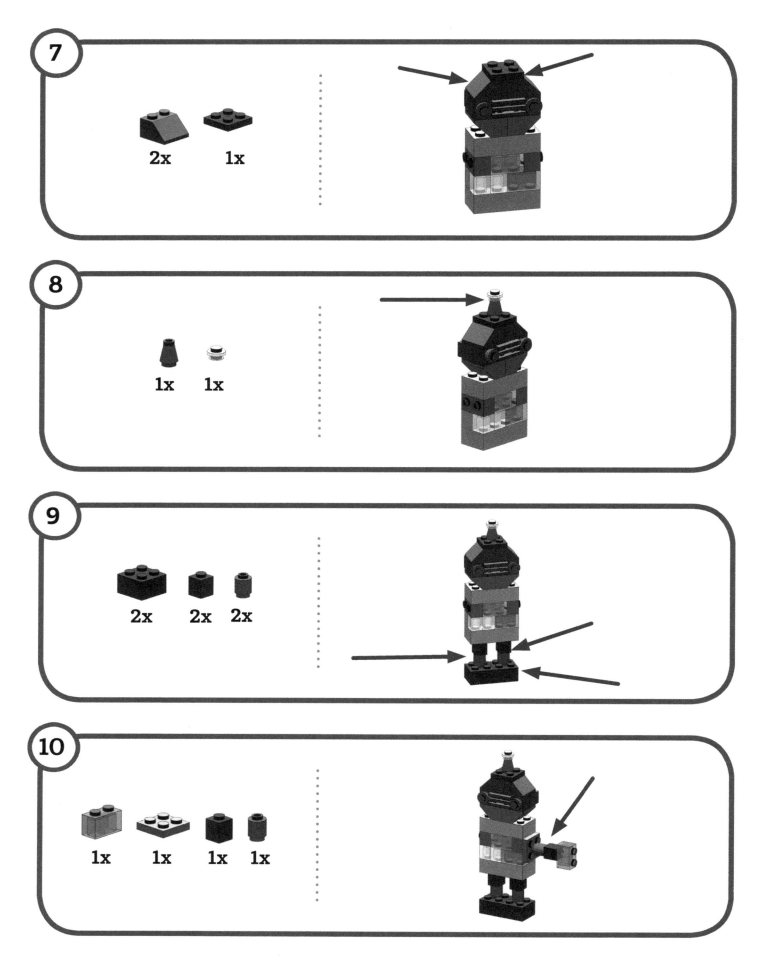

7

2x 1x

8

1x 1x

9

2x 2x 2x

10

1x 1x 1x 1x

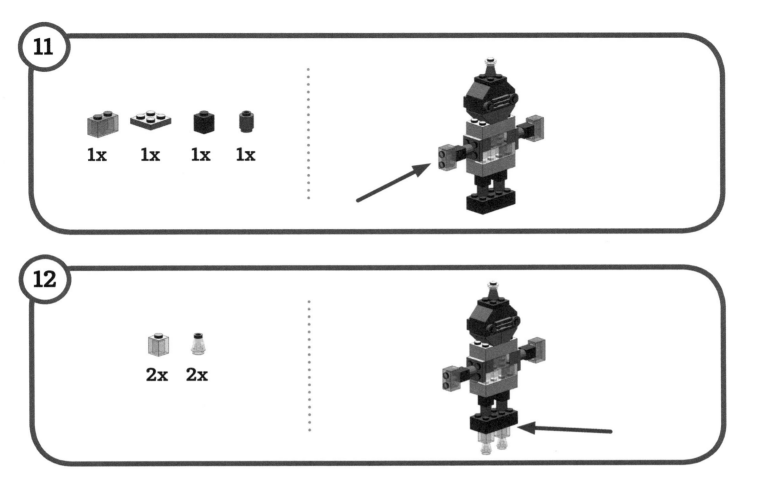

11

1x 1x 1x 1x

12

2x 2x

Flames

Robot Scout

Emergency Squad

Robot Extinguisher

Rescue Robot

Build a Robot Extinguisher

1x · 2x · 1x · 1x · 1x · 1x · 1x · 4x · 1x
1x · 1x · 1x · 1x · 1x · 1x · 4x · 1x · 6x · 1x
1x · 2x · 4x · 1x · 3x · 1x · 2x · 1x · 1x · 2x
1x · 2x · 2x · 1x · 3x · 3x · 1x · 2x · 1x · 1x · 1x

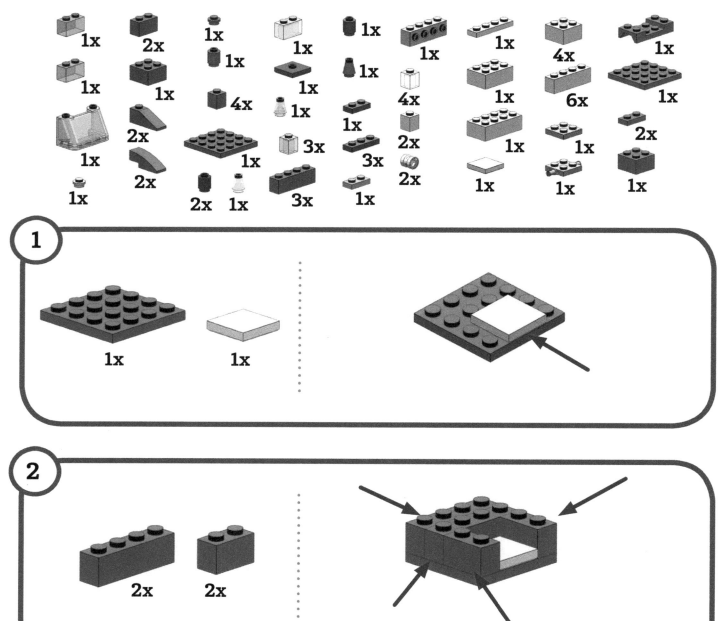

1

1x   1x

2

2x   2x

54

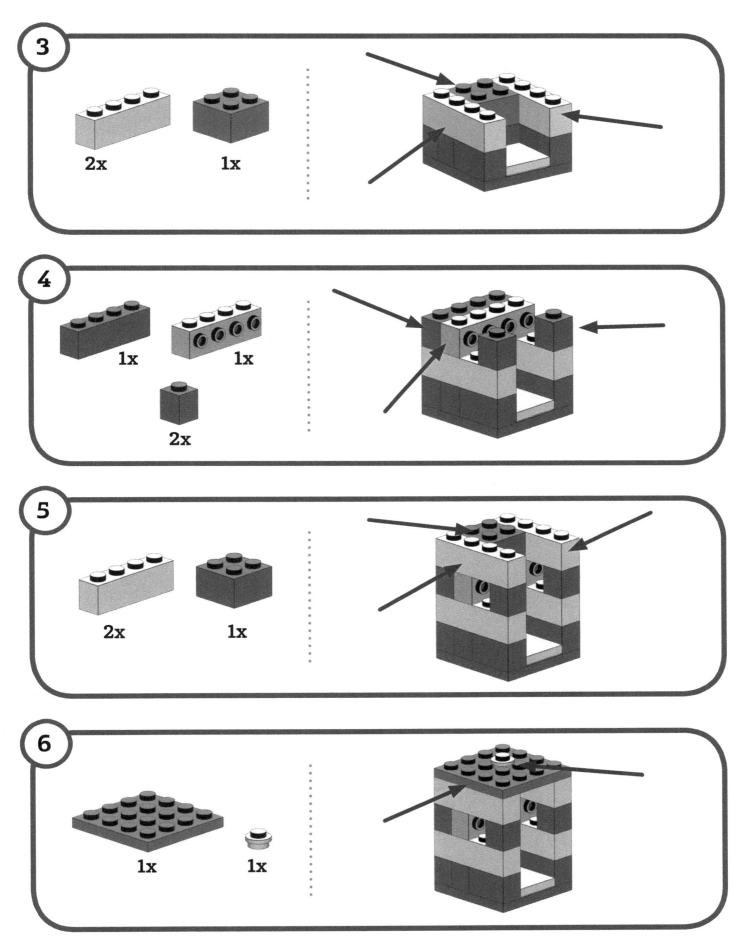

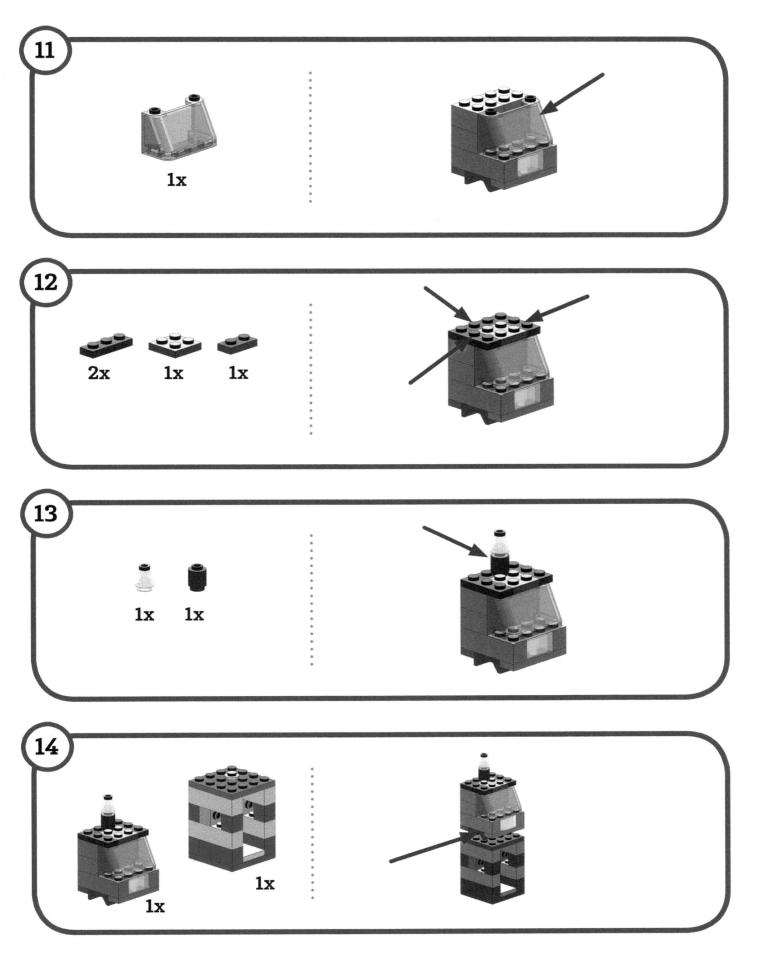

11

1x

12

2x 1x 1x

13

1x 1x

14

1x 1x

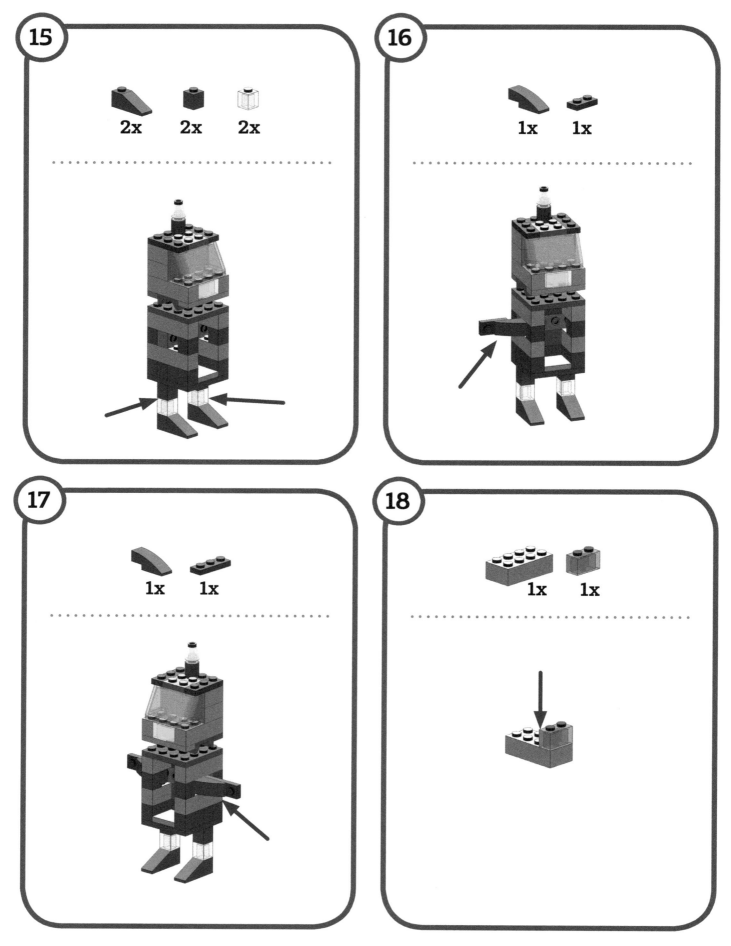

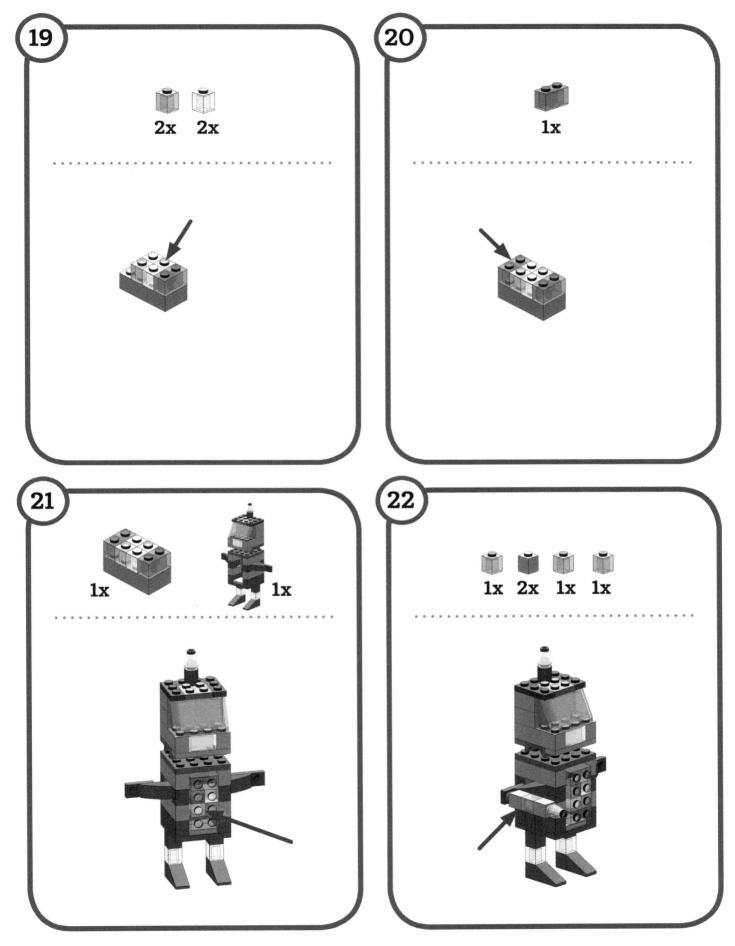

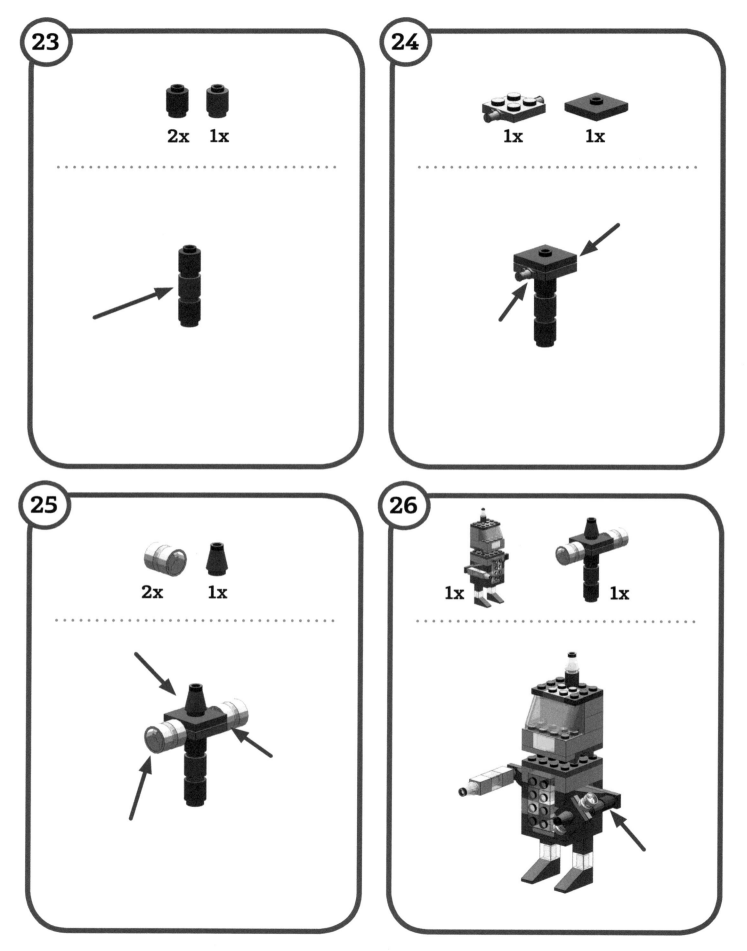

23

2x   1x

24

1x   1x

25

2x   1x

26

1x   1x

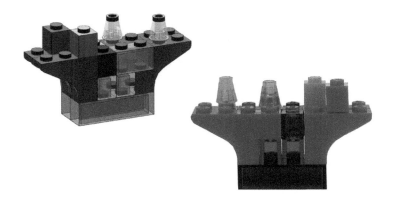

Build
Flames

3x   1x   4x   1x   1x

1x   2x   2x   2x

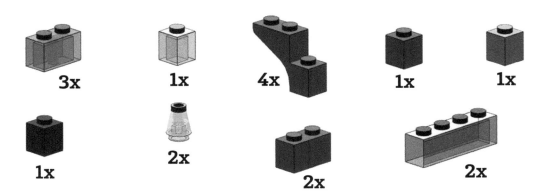

1

2x

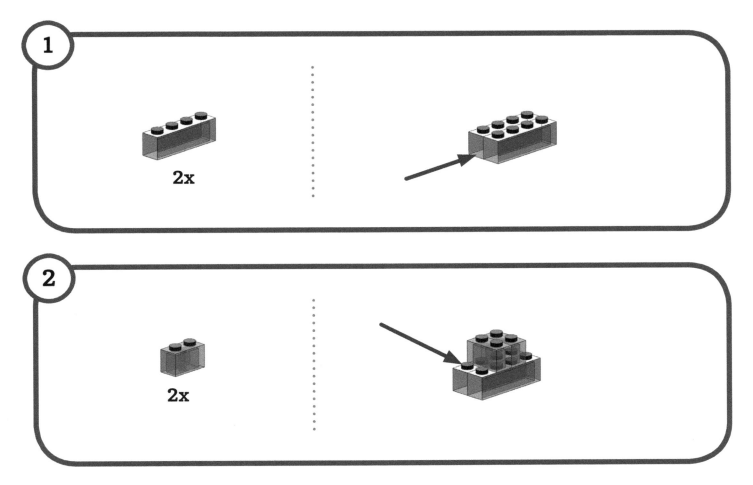

2

2x

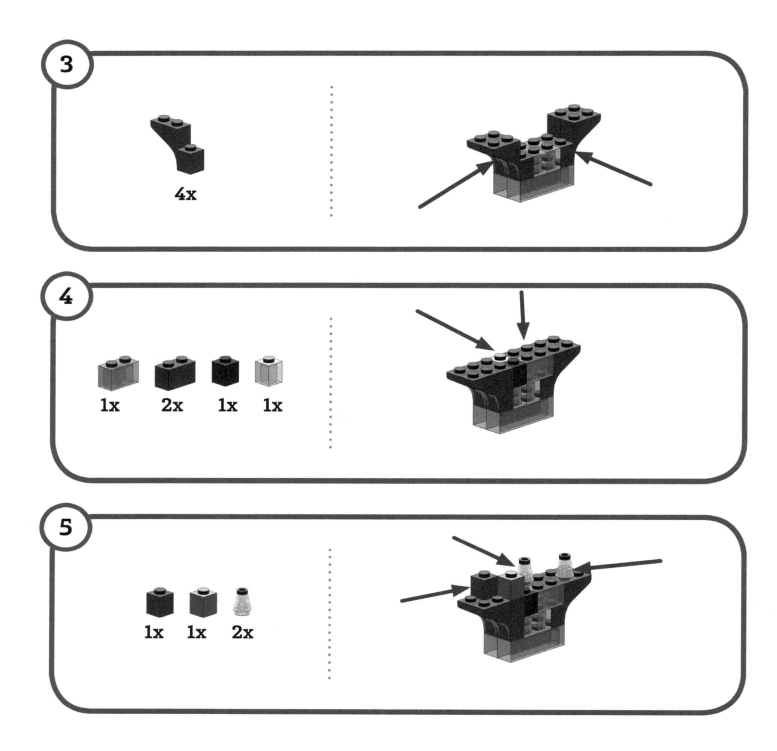

3

4x

4

1x 2x 1x 1x

5

1x 1x 2x

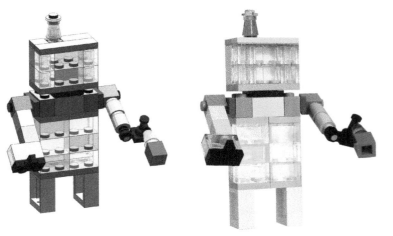

Build a
Robot Scout

1x 1x 4x 1x 1x 1x 1x 1x

1x 1x 1x 1x 2x 2x 1x

1x 3x 1x 4x 4x 2x 2x 1x

1x 1x 1x 1x 1x 4x 1x 1x

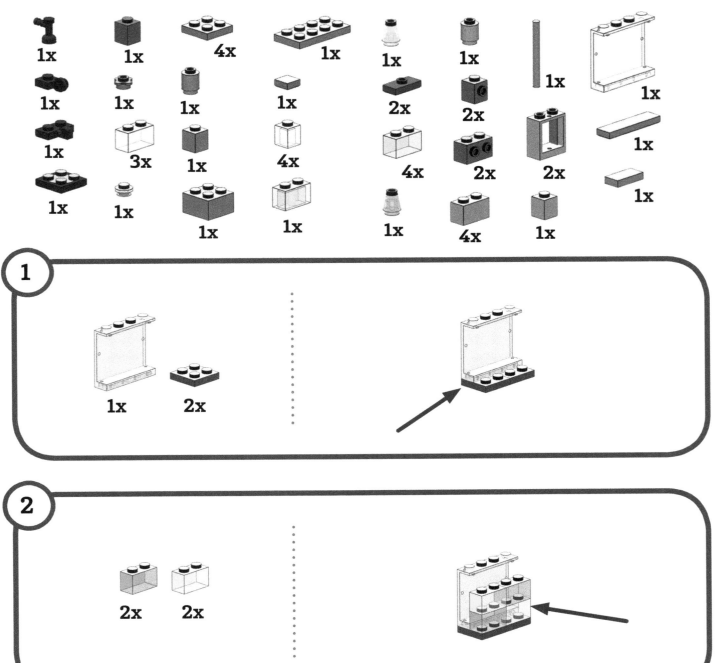

1

1x 2x

2

2x 2x

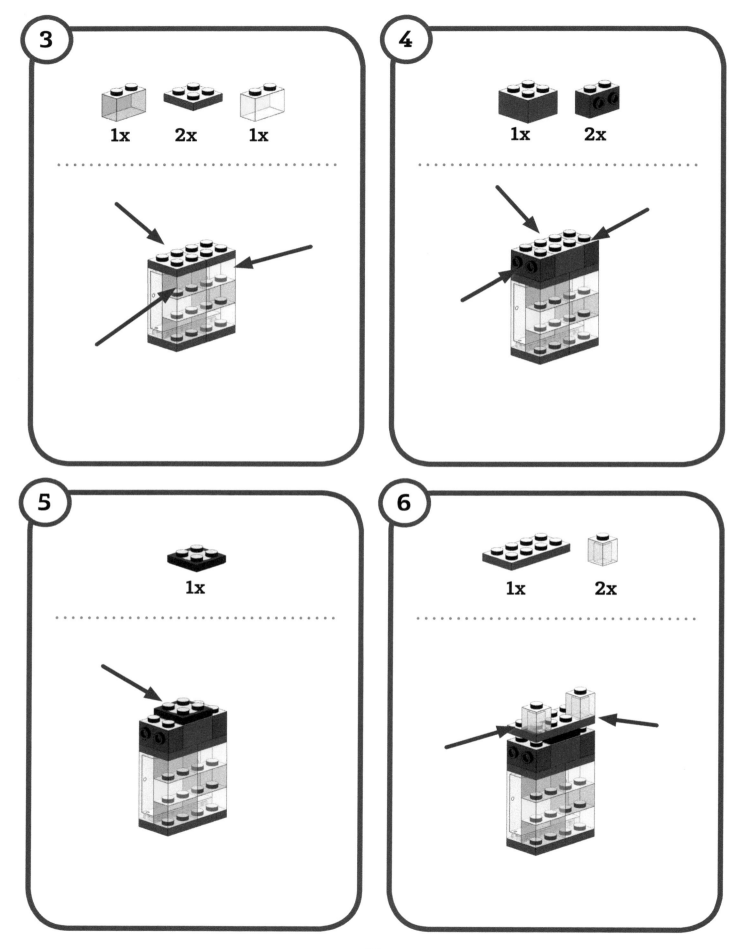

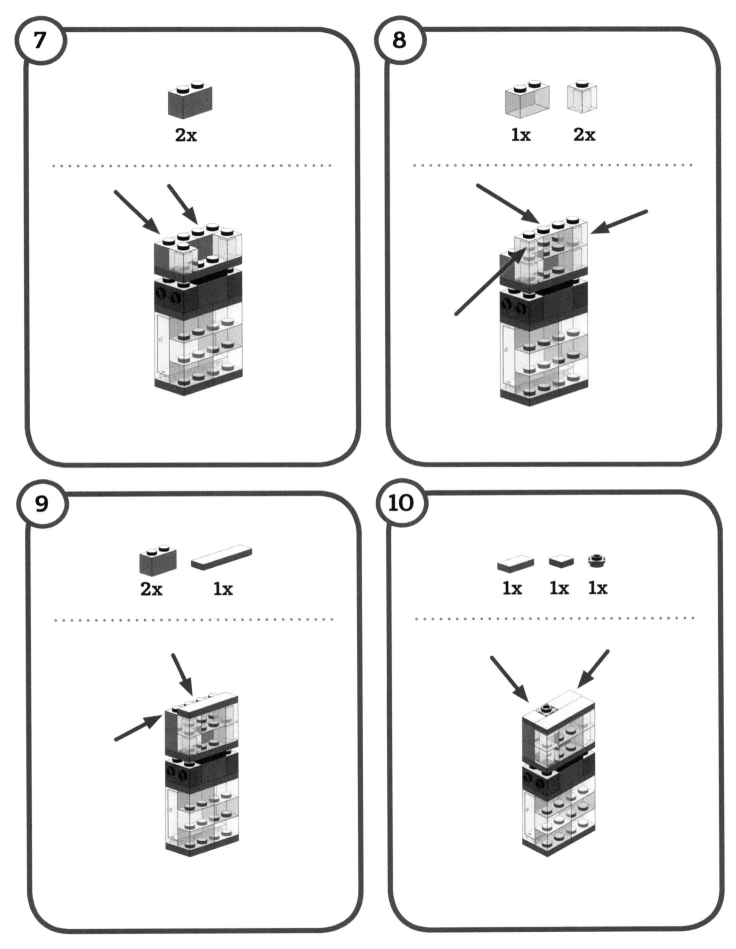

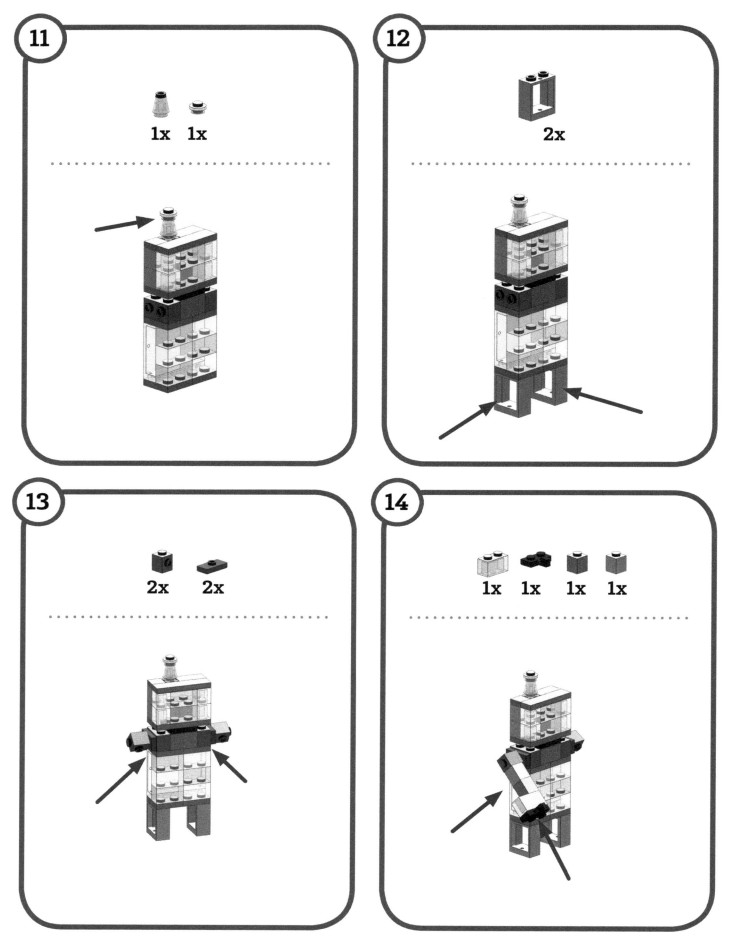

15

1x 1x 1x

16

1x 1x

17

1x 1x

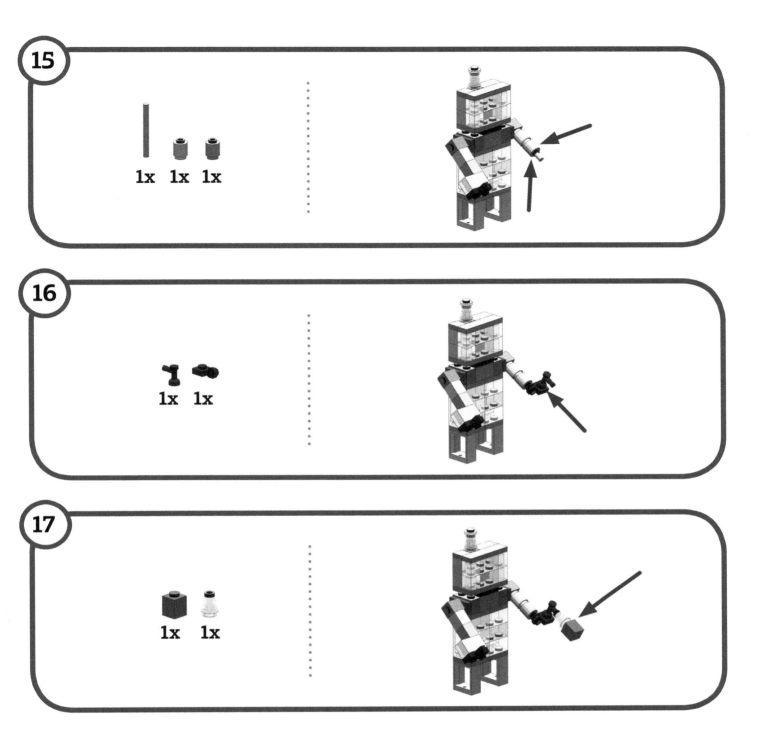

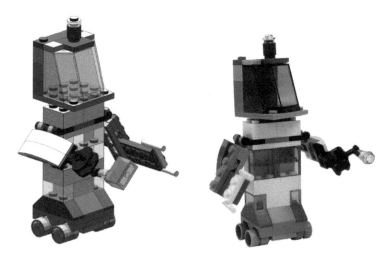

Build a Rescue Robot

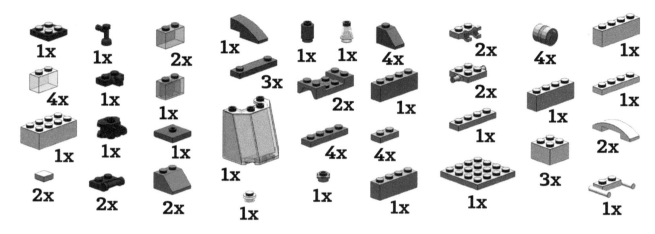

1x 1x 2x 1x 1x 1x 4x 2x 4x 1x
4x 1x 1x 3x 2x 1x 2x 1x 1x
1x 1x 1x 2x 4x 4x 1x 1x 2x
2x 2x 2x 1x 1x 1x 1x 3x 1x

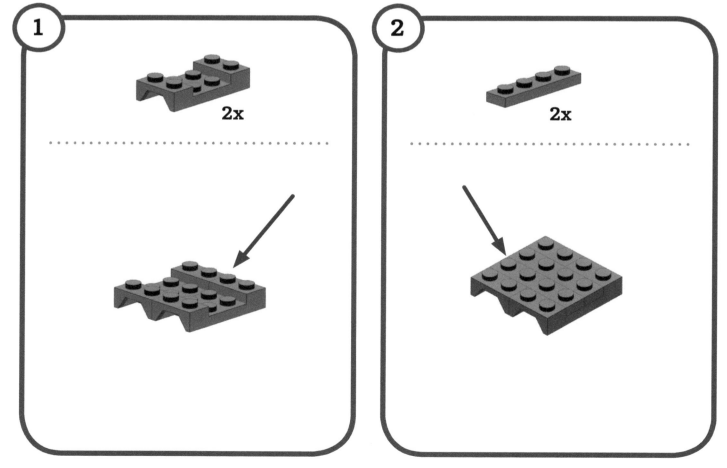

1 2x

2 2x

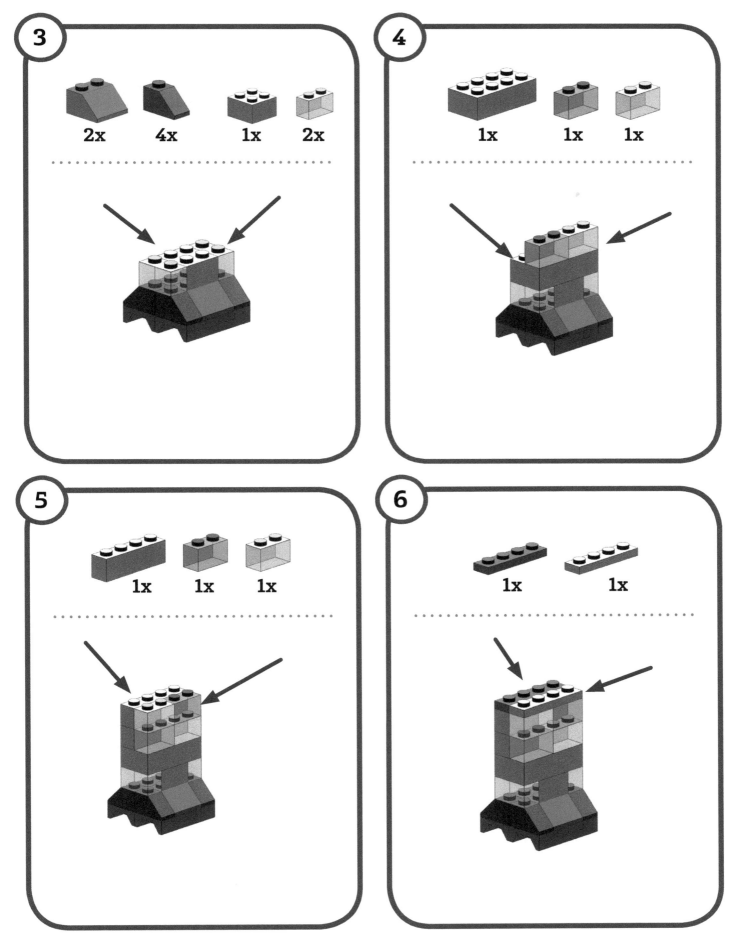

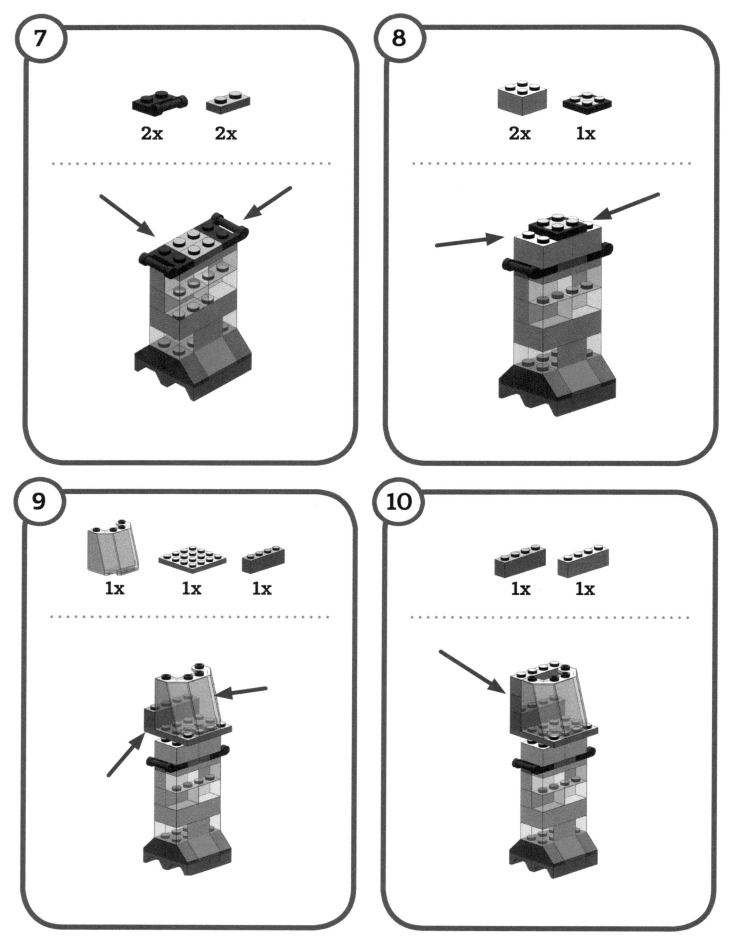

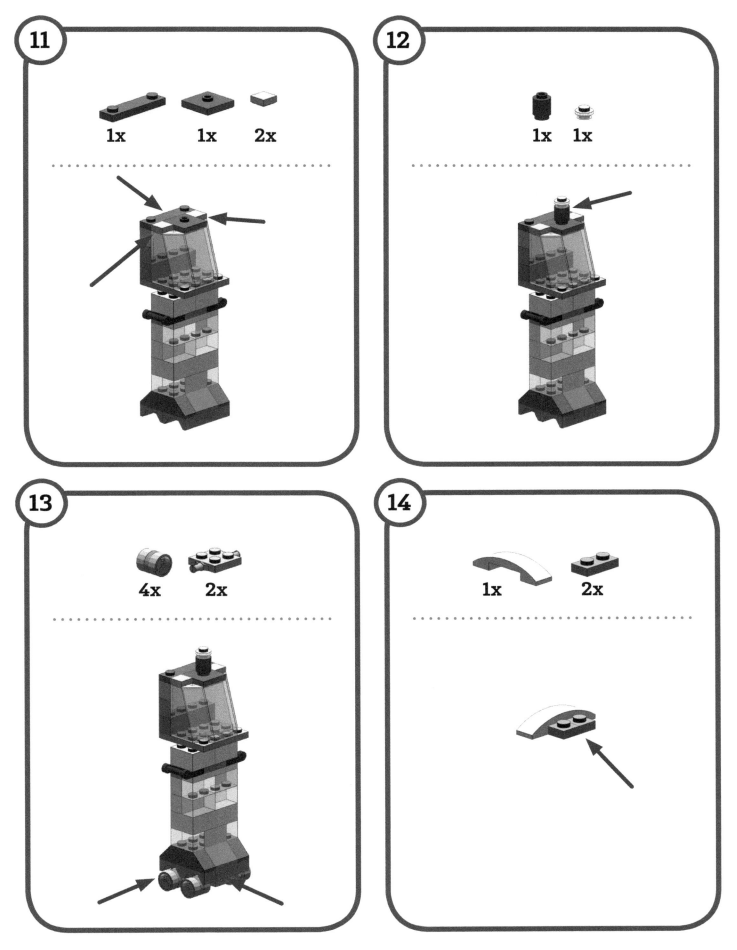

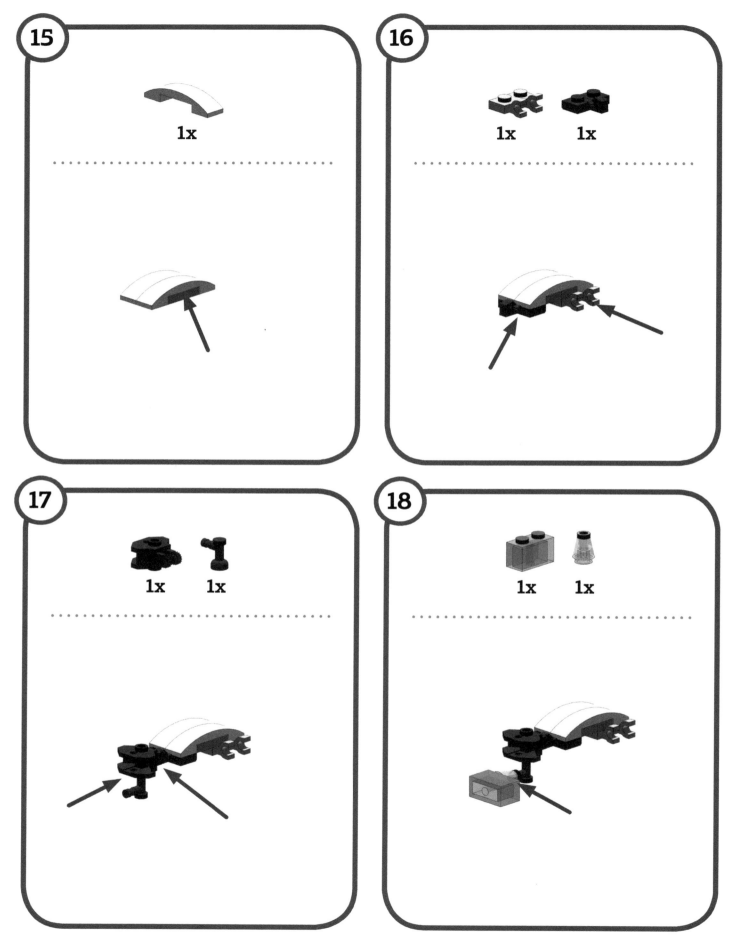

15
1x

16
1x 1x

17
1x 1x

18
1x 1x

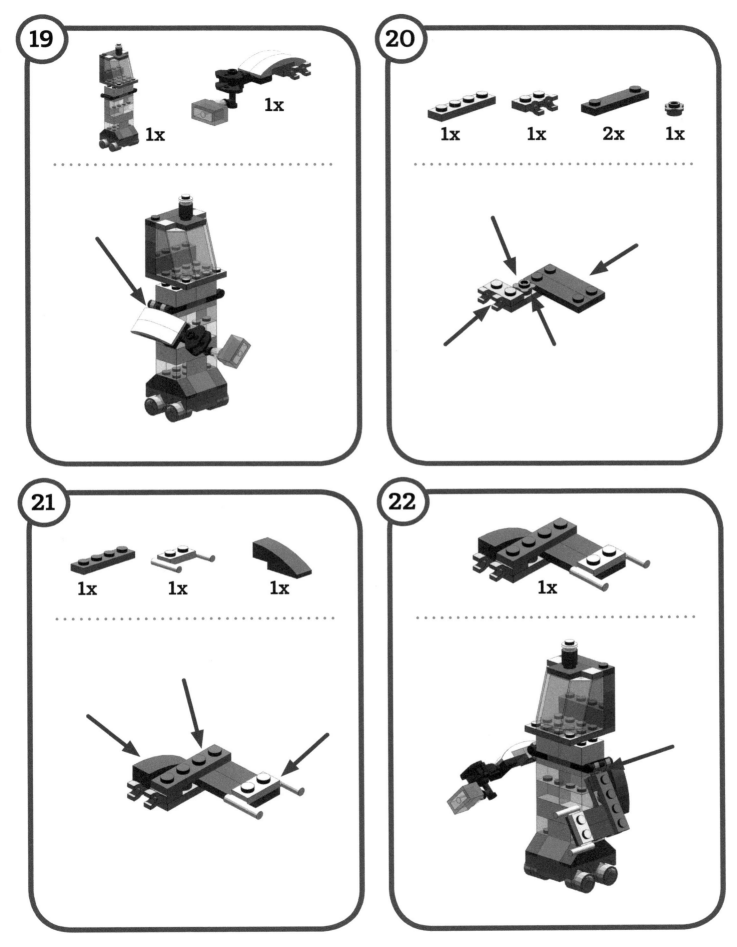

Space Adventure

Roverbot

Robot Alien

Build a Roverbot

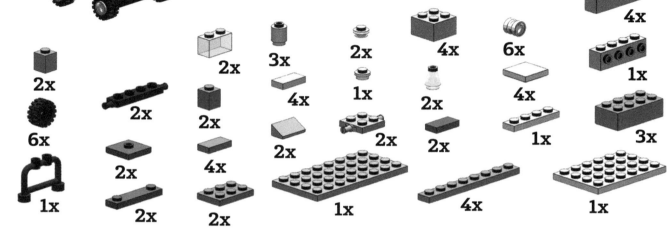

2x

6x

1x

2x

2x

2x

2x

4x

2x

2x

3x

2x

4x

4x

2x

2x

1x

2x

1x

2x

2x

4x

1x

4x

6x

4x

2x

1x

1x

3x

4x

1x

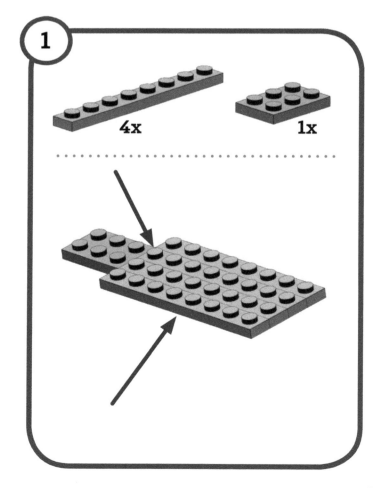

1

4x   1x

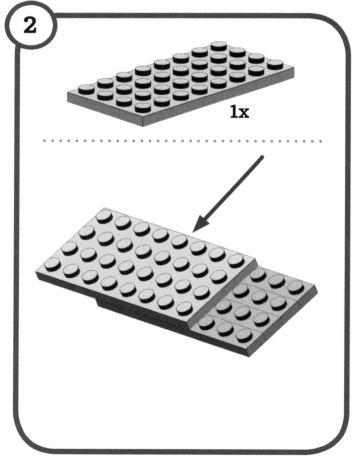

2

1x

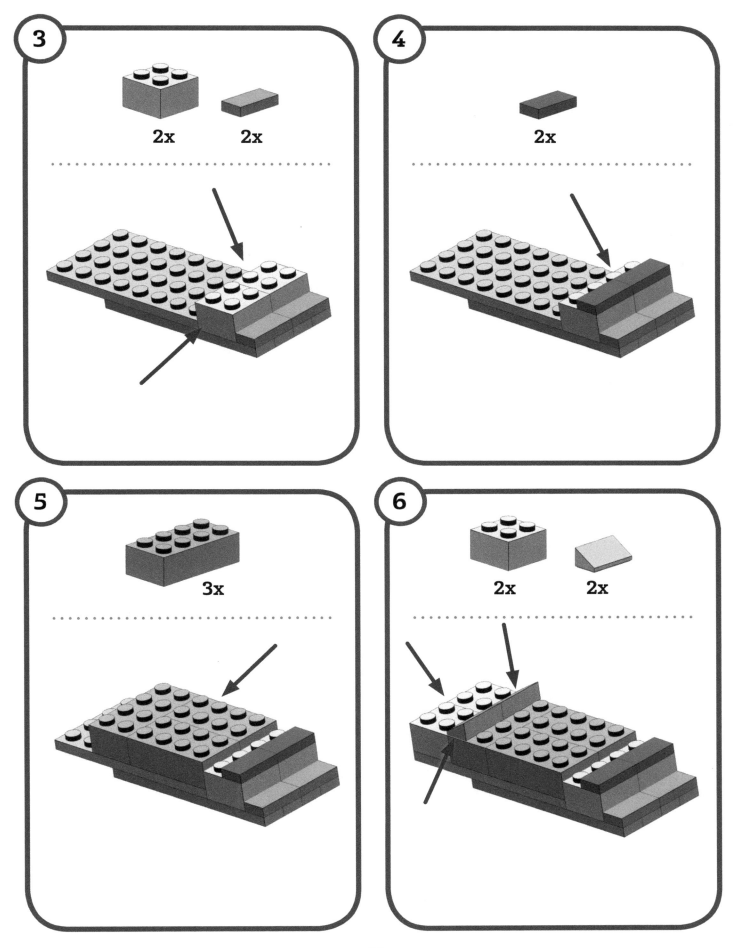

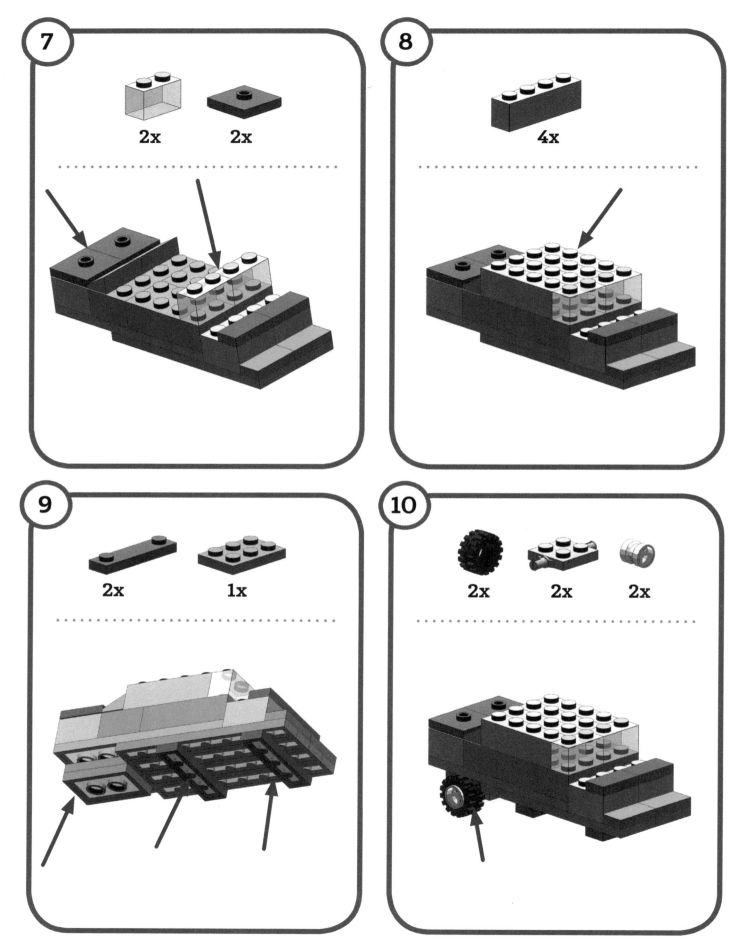

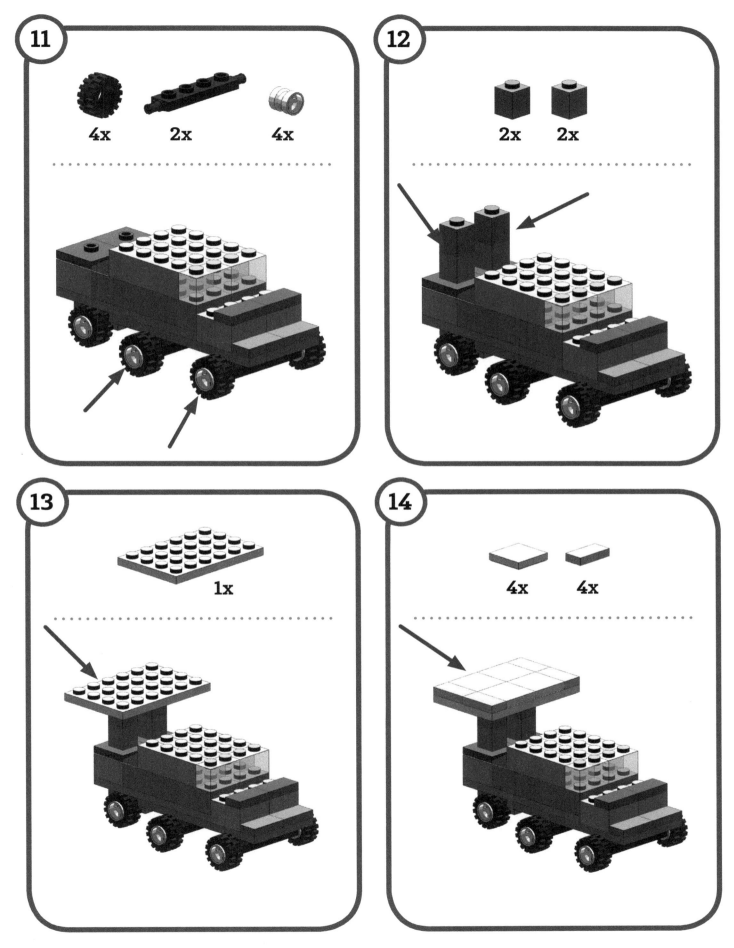

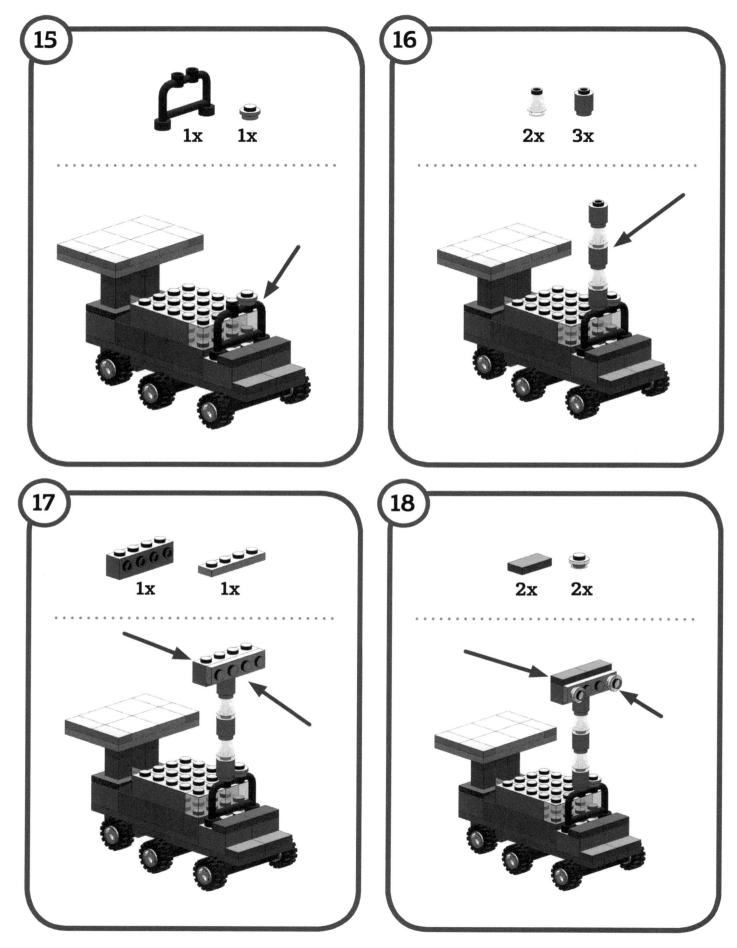

Build a Robot Alien

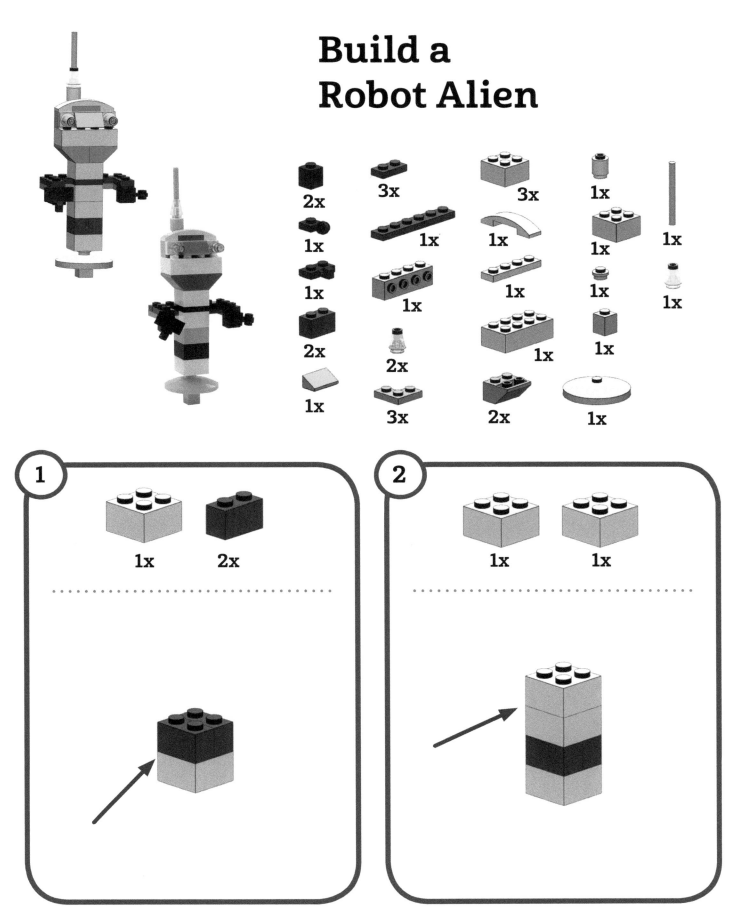

Parts:
- 2x
- 1x
- 1x
- 2x
- 1x
- 3x
- 1x
- 1x
- 2x
- 3x
- 1x
- 1x
- 1x
- 2x
- 3x
- 1x
- 1x
- 1x
- 1x
- 1x
- 1x
- 1x

1
- 1x
- 2x

2
- 1x
- 1x

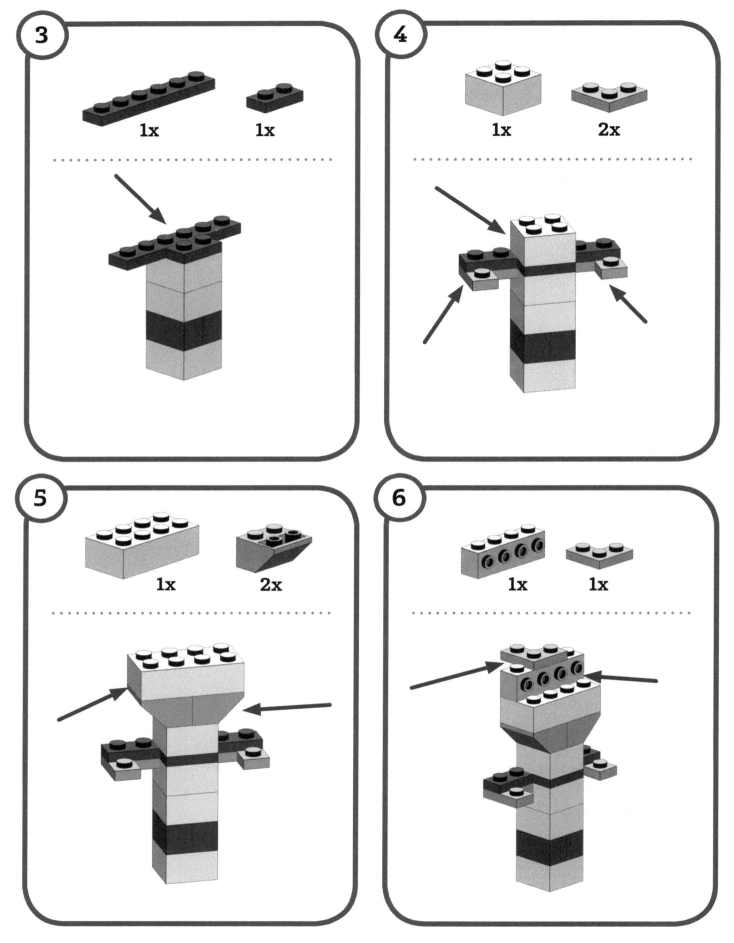

3
1x 1x

4
1x 2x

5
1x 2x

6
1x 1x

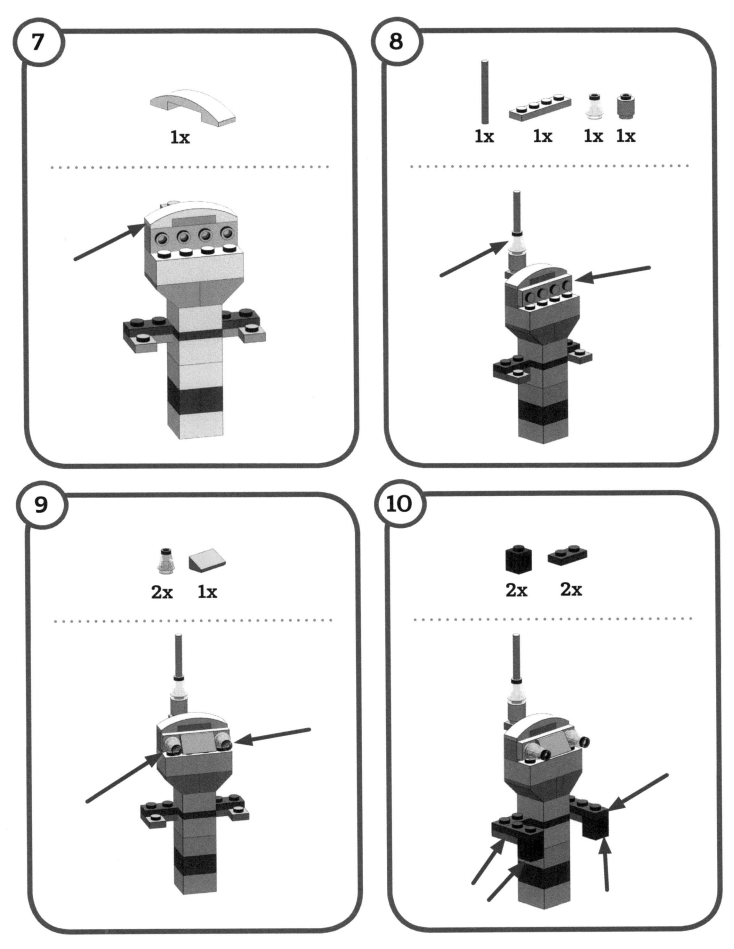

7 1x

8 1x 1x 1x 1x

9 2x 1x

10 2x 2x

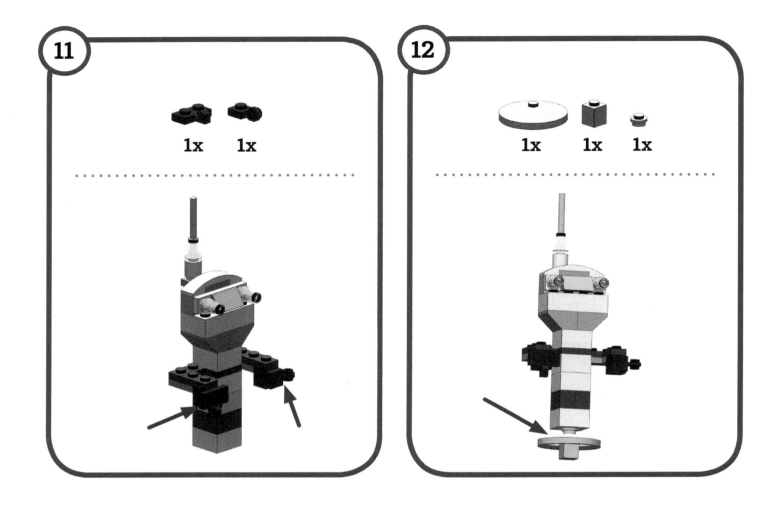

11   1x   1x

12   1x   1x   1x

Library of Congress Control Number: 2017947544
ISBN: 9781513260839 (paperback)
9781513260877 (hardbound) | 9781513260860 (e-book)

Designer: Vicki Knapton

Graphic Arts Books
An imprint of

GRAPHIC ARTS
BOOKS®

GraphicArtsBooks.com

Proudly distributed by Ingram Publisher Services

The following artists hold copyright to their images as indicated:
Backyard Picnic, pages 6-7 and front cover: Elvetica/Shutterstock.com
Modern City, pages 1, 36-37: Bukhavets Mikhail/Shutterstock.com
Building on Fire, pages 52-53: SkyPics Studio/Shutterstock.com
Planet in Outer Space, pages 74-75 and back cover: osk1553/Shutterstock.com

The author thanks the LDraw community for the parts database it makes
available, which is used for making instructions found in the book.
For more information on LDraw, please visit ldraw.org.

Make sure your **Build It!** library is complete

Volume 1

○ Volume 2

○ Volume 3

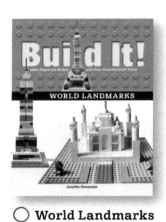
○ World Landmarks

Things that Fly

○ Things that Go

○ Things that Float

○ Robots

Farm Animals

○ Dinosaurs

○ Trains

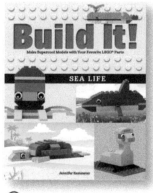
○ Sea Life

Visit GraphicArtsBooks.com for more titles in the series